Bibliothek der Mediengestaltung

Konzeption, Gestaltung, Technik und Produktion von Digital- und Printmedien sind die zentralen Themen der Bibliothek der Mediengestaltung, einer Weiterentwicklung des Standardwerks Kompendium der Mediengestaltung, das in seiner 6. Auflage auf mehr als 2.700 Seiten angewachsen ist. Um den Stoff, der die Rahmenpläne und Studienordnungen sowie die Prüfungsanforderungen der Ausbildungs- und Studiengänge berücksichtigt, in handlichem Format vorzulegen, haben die Autoren die Themen der Mediengestaltung in Anlehnung an das Kompendium der Mediengestaltung neu aufgeteilt und thematisch gezielt aufbereitet. Die kompakten Bände der Reihe ermöglichen damit den schnellen Zugriff auf die Teilgebiete der Mediengestaltung.

Weitere Bände in der Reihe: http://www.springer.com/series/15546

Peter Bühler
Patrick Schlaich
Dominik Sinner

# PDF

Grundlagen – Print-PDF – Interaktives PDF

 Springer Vieweg

**Peter Bühler**
Affalterbach, Deutschland

**Dominik Sinner**
Konstanz-Dettingen, Deutschland

**Patrick Schlaich**
Kippenheim, Deutschland

ISSN 2520-1050        ISSN 2520-1069 (electronic)
Bibliothek der Mediengestaltung
ISBN 978-3-662-54614-7        ISBN 978-3-662-54615-4 (eBook)
https://doi.org/10.1007/978-3-662-54615-4

Die Deutsche Nationalbibliothek verzeichnet diese Publikation in der Deutschen Nationalbibliografie; detaillierte bibliografische Daten sind im Internet über http://dnb.d-nb.de abrufbar.

Springer Vieweg

Gedruckt auf säurefreiem und chlorfrei gebleichtem Papier

Springer Vieweg ist Teil von Springer Nature
Die eingetragene Gesellschaft ist Springer-Verlag GmbH Deutschland
Die Anschrift der Gesellschaft ist: Heidelberger Platz 3, 14197 Berlin, Germany

Vorwort

The Next Level – aus dem Kompendium der Mediengestaltung wird die Bibliothek der Mediengestaltung.

Im Jahr 2000 ist das „Kompendium der Mediengestaltung" in der ersten Auflage erschienen. Im Laufe der Jahre stieg die Seitenzahl von anfänglich 900 auf 2700 Seiten an, so dass aus dem zunächst einbändigen Werk in der 6. Auflage vier Bände wurden. Diese Aufteilung wurde von Ihnen, liebe Leserinnen und Leser, sehr begrüßt, denn schmale Bände bieten eine Reihe von Vorteilen. Sie sind erstens leicht und kompakt und können damit viel besser in der Schule oder Hochschule eingesetzt werden. Zweitens wird durch die Aufteilung auf mehrere Bände die Aktualisierung eines Themas wesentlich einfacher, weil nicht immer das Gesamtwerk überarbeitet werden muss. Auf Veränderungen in der Medienbranche können wir somit schneller und flexibler reagieren. Und drittens lassen sich die schmalen Bände günstiger produzieren, so dass alle, die das Gesamtwerk nicht benötigen, auch einzelne Themenbände erwerben können. Deshalb haben wir das Kompendium modularisiert und in eine Bibliothek der Mediengestaltung mit 26 Bänden aufgeteilt. So entstehen schlanke Bände, die direkt im Unterricht eingesetzt oder zum Selbststudium genutzt werden können.

Bei der Auswahl und Aufteilung der Themen haben wir uns – wie beim Kompendium auch – an den Rahmenplänen, Studienordnungen und Prüfungsanforderungen der Ausbildungs- und Studiengänge der Mediengestaltung orientiert. Eine Übersicht über die 26 Bände der Bibliothek der Mediengestaltung finden Sie auf der rechten Seite. Wie Sie sehen, ist jedem Band eine Leitfarbe zugeordnet, so dass Sie bereits am Umschlag erkennen, welchen Band Sie in der Hand halten. Die Bibliothek der Mediengestaltung richtet sich an alle, die eine Ausbildung oder ein Studium im Bereich der Digital- und Printmedien absolvieren oder die bereits in dieser Branche tätig sind und sich fortbilden möchten. Weiterhin richtet sich die Bibliothek der Mediengestaltung auch an alle, die sich in ihrer Freizeit mit der professionellen Gestaltung und Produktion digitaler oder gedruckter Medien beschäftigen. Zur Vertiefung oder Prüfungsvorbereitung enthält jeder Band zahlreiche Übungsaufgaben mit ausführlichen Lösungen. Zur gezielten Suche finden Sie im Anhang ein Stichwortverzeichnis.

Ein herzliches Dankeschön geht an Herrn Engesser und sein Team des Verlags Springer Vieweg für die Unterstützung und Begleitung dieses großen Projekts. Wir bedanken uns bei unserem Kollegen Joachim Böhringer, der nun im wohlverdienten Ruhestand ist, für die vielen Jahre der tollen Zusammenarbeit. Ein großes Dankeschön gebührt aber auch Ihnen, unseren Leserinnen und Lesern, die uns in den vergangenen fünfzehn Jahren immer wieder auf Fehler hingewiesen und Tipps zur weiteren Verbesserung des Kompendiums gegeben haben.

Wir sind uns sicher, dass die Bibliothek der Mediengestaltung eine zeitgemäße Fortsetzung des Kompendiums darstellt. Ihnen, unseren Leserinnen und Lesern, wünschen wir ein gutes Gelingen Ihrer Ausbildung, Ihrer Weiterbildung oder Ihres Studiums der Mediengestaltung und nicht zuletzt viel Spaß bei der Lektüre.

Heidelberg, im Frühjahr 2018
Peter Bühler
Patrick Schlaich
Dominik Sinner

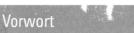

**Bibliothek der Medien-
gestaltung**
Titel und
Erscheinungsjahr

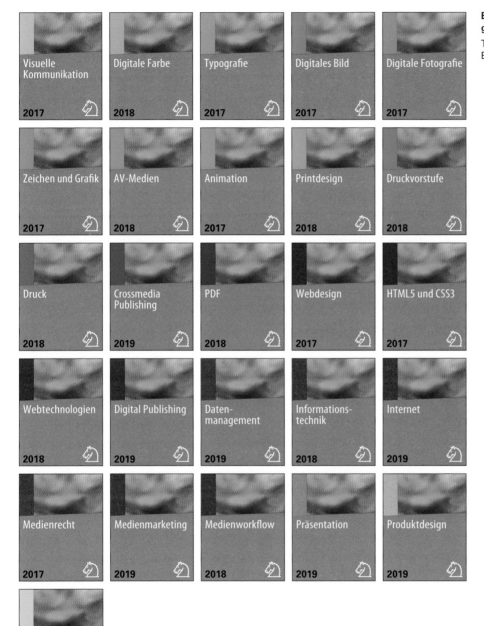

# 1 PDF-Grundlagen 2

# 2 PDF-Erstellung 12

# 3 PDF-Preflight 38

# 4 PDF-Bearbeitung 58

# 1.1 Was ist Adobe PDF?

**Adobe gibt diese Antwort:**

„PDF (Portable Document Format) ist ein Dateiformat, das die Präsentation und den Austausch von Dokumenten unabhängig von Original-Software, Hardware oder Betriebssystem ermöglicht. Ursprünglich von Adobe entwickelt, ist PDF heute ein offener Standard der ISO (International Organization for Standardization). PDFs können Links und Schaltflächen, Formularfelder, Audio- und Videoelemente sowie logische Funktionen enthalten. Zudem lassen sie sich elektronisch unterzeichnen und mit der kostenlosen Applikation Acrobat Reader DC anzeigen."

## 1.1.1 PDF-Standards

PDF ist also mehr als das Standardformat im Printmedien-Workflow. Seit 1993, dem Jahr der Einführung von PDF, wurden für verschiedene Einsatzbereiche spezifische PDF-Standards entwickelt:

- *PDF/A (ISO 19005, Basis PDF 1.4)*
  Das A bei PDF/A steht für Archivierung. Die PDF/A-Norm unterscheidet verschiedenen Konformitätsebenen. Darin sind Eigenschaften wie die Volltextsuche, der barrierefreie Zugang und die Möglichkeit eingebetteter Dateien geregelt.
- *PDF/E (ISO 24517, Basis PDF 1.6)*
  Das E bei PDF/E steht für Engineering. Die Norm beschreibt die spezifischen Anforderungen in den Bereichen Konstruktion und Planung z. B. im Ingenieurwesen, in der Architektur und in Geo-Informationssystemen.
- *PDF/H (noch keine ISO-Norm)*
  Das H bei PDF/H steht für Healthcare (Gesundheitswesen). Im PDF/H-Format werden Ergebnisse der bildgebenden Diagnostik, Befunde und Berichte sowie Patientendaten gespeichert.
- *PDF/X (ISO 15929 und ISO 15930, Basis PDF 1.3, 1.4 und 1.6)*
  Das X bei PDF/X steht für eXchange (Austausch). PDF/X ist das Dateiformat im PDF-Workflow der Printmedienproduktion. Dabei werden, je nach Ausprägung des Workflows, unterschiedliche PDF/X-Standards verwendet. Wir werden sie in diesem Kapitel noch näher betrachten.
- *PDF/UA (ISO 14289, Basis PDF 1.7)*
  Die Buchstaben UA stehen für Universal Accessibility. PDF/UA ist der PDF-Standard für barrierefreie PDF-Dokumente.
- *PDF/VT (ISO 16612, Basis PDF 1.6)*
  Die Buchstaben VT stehen für Variable Transactional. PDF/VT ist der PDF-Standard für den Druck von variablen oder transaktionalen Dokumenteninhalten.

## 1.1.2 PDF-Versionen

Seit der ersten Veröffentlichung des PDF-Standards wurden mit der Weiterentwicklung von Adobe Acrobat auch die PDF-Spezifikationen fortgeführt. Die Tabelle zeigt die zeitliche Entwicklung der Versionen.

| PDF-Version | Acrobat-Version | Jahr |
|---|---|---|
| PDF 1.0 | Acrobat 1.0 | 1993 |
| PDF 1.1 | Acrobat 2.0 | 1994 |
| PDF 1.2 | Acrobat 3.0 | 1996 |
| PDF 1.3 | Acrobat 4.0 | 1999 |
| PDF 1.4 | Acrobat 5.0 | 2001 |
| PDF 1.5 | Acrobat 6.0 | 2003 |
| PDF 1.6 | Acrobat 7.0 | 2005 |
| PDF 1.7 | Acrobat 8.0 | 2006 |
| PDF 1.7 | Acrobat 9.0 | 2008 |
| PDF 1.7 | Acrobat 9.1 | 2009 |
| PDF 1.7 | Acrobat X | 2011 |
| PDF 2.0 | Acrobat DC | 2017 |

© Springer-Verlag GmbH Deutschland 2018
P. Bühler, P. Schlaich, D. Sinner, *PDF*, Bibliothek der Mediengestaltung,
https://doi.org/10.1007/978-3-662-54615-4_1

## 1.2   PDF-Kompatibilitätsebenen

| Acrobat 4 (PDF 1.3) | Acrobat 5 (PDF 1.4) | Acrobat 6 (PDF 1.5) | Acrobat 7 (PDF 1.6) ab Acrobat 8 (PDF 1.7) |
|---|---|---|---|
| PDF-Dateien können mit Acrobat 3.0 und Acrobat Reader 3.0 (und höheren Versionen) geöffnet werden. | PDF-Dateien können mit Acrobat 3.0 und Acrobat Reader 3.0 (und höheren Versionen) geöffnet werden. Funktionen, die in späteren Versionen eingeführt wurden, gehen u. U. verloren oder können nicht angezeigt werden. | Die meisten PDF-Dateien können mit Acrobat 4.0 und Acrobat Reader 4.0 (und höheren Versionen) geöffnet werden. Funktionen, die in späteren Versionen eingeführt wurden, gehen u. U. verloren oder können nicht angezeigt werden. | Die meisten PDF-Dateien können mit Acrobat 4.0 und Acrobat Reader 4.0 (und höheren Versionen) geöffnet werden. Funktionen, die in späteren Versionen eingeführt wurden, gehen u. U. verloren oder können nicht angezeigt werden. |
| Bietet keine Unterstützung für Grafiken mit Live-Transparenzeffekten. Alle Transparenzen müssen vor der Konvertierung in PDF 1.3 reduziert werden. | Unterstützt Live-Transparenz in Bildmaterial. (Die Acrobat Distiller-Funktion führt zu einer Transparenz-reduzierung.) | Unterstützt Live-Transparenz in Bildmaterial. (Die Acrobat Distiller-Funktion führt zu einer Transparenz-reduzierung.) | Unterstützt Live-Transparenz in Bildmaterial. (Die Acrobat Distiller-Funktion führt zu einer Transparenz-reduzierung.) |
| Ebenen werden nicht unterstützt. | Ebenen werden nicht unterstützt. | Beim Erstellen von PDF-Dateien aus Anwendungen, die PDF-Dokumente mit Ebenen unterstützen (beispielsweise Illustrator CS und höhere Versionen oder InDesign CS und höhere Versionen), bleiben die Ebenen erhalten. | Beim Erstellen von PDF-Dateien aus Anwendungen, die PDF-Dokumente mit Ebenen unterstützen (beispielsweise Illustrator CS und höhere Versionen oder InDesign CS und höhere Versionen), bleiben die Ebenen erhalten. |
| Geräteunabhängiger Farb-bereich mit acht Farbgebern wird unterstützt. | Geräteunabhängiger Farb-bereich mit acht Farbgebern wird unterstützt. | Geräteunabhängiger Farb-bereich mit bis zu 31 Farb-gebern wird unterstützt. | Geräteunabhängiger Farb-bereich mit bis zu 31 Farb-gebern wird unterstützt. |
| Multibyte-Schriftarten können eingebettet werden. (Distiller konvertiert die Schriften beim Einbetten.) | Multibyte-Schriftarten können eingebettet werden. | Multibyte-Schriftarten können eingebettet werden. | Multibyte-Schriftarten können eingebettet werden. |
| 40-Bit-RC4-Sicherheitsein-stellungen werden unterstützt. | 128-Bit-RC4-Sicherheitsein-stellungen werden unterstützt. | 128-Bit-RC4-Sicherheitsein-stellungen werden unterstützt. | Sicherheitseinstellungen 128-Bit-RC4 und 128-Bit-AES (Advanced Encryption Standard) werden unterstützt. |

## 1.3 PostScript

PostScript, ebenfalls eine Entwicklung von Adobe, ist die Basis von PDF. Post-Script wurde entwickelt, um Seiten mit all ihren Elementen zu beschreiben. Ziel war die grafische Darstellung zwei-dimensionaler Objekte bzw. Seiten und deren Ausgabe auf rasterorientierten Ausgabegeräten wie z. B. Laserdrucker oder Filmbelichter. 1985 wurde von der Firma Apple der erste PostScript-Laserdrucker vorgestellt, 1986 der erste PostScript-Belichter von Linotype.

### Elemente
Das PostScript Imaging Model umfasst:
- *Geometrische Basiselemente*
  Objekte wie Linien, Rechtecke und Kreise, die durch Vektoren oder Bézierkurven beschrieben sind.
- *Schrift*
  Die typografische Darstellung von Schrift wird in PostScript ebenfalls als Objekt behandelt.
- *Pixelbilder*
  Objekte, die durch Rasterdaten, d. h. einzelne quadratische Pixel, picture elements, beschrieben sind.

### Merkmale
PostScript ...
- ist eine Programmier- bzw. Seitenbe-schreibungssprache,
- ist unabhängig von Ausgabegerät, Auflösung und Betriebssystem,
- kennt verschiedene Dialekte und Strukturen,
- erzeugt keine sichtbaren Dateiinhalte,
- -Dateien sind sehr groß,
- -Dateien können nicht editiert wer-den.

### Raster Image Processor, RIP
Die PostScript-Anweisungen müssen zur Ausgabe interpretiert werden. Dieser Vorgang erfolgt im Raster Image Processor, RIP. Der RIP-Vorgang gliedert sich in 3 Schritten:
1. *Interpretieren und Erstellen einer Display-Liste*
   Die PostScript-Datei wird analysiert. Kontrollstrukturen, Angaben über Transparenzen oder Verläufe werden zu Anweisungen für die Erstellung der Display-Liste. Die PostScript-Programmanweisungen werden in ein objektorientiertes Datenformat umgerechnet.
2. *Rendern*
   Beim Rendern wird aus der Display-Liste eine Bytemap erstellt. Alle Objekte der Seite werden in Pixel umgewandelt. Dabei wird die Pixel-größe an die spätere Ausgabeauf-lösung des Druckers oder Belichters angepasst.
3. *Screening, Rastern*
   Die Bytemap wird in diesem letzten Schritt in eine Bitmap umgerechnet. Dadurch werden aus den Halbton-pixeln entsprechend der gewählten Rasterkonfiguration frequenz- oder amplitudenmodulierte Rasterpunkte.

Wir unterscheiden in der Praxis Soft-ware- und Hardware-RIP. Hardware-RIP sind Computer mit speziell angepasster Hard- und Software. Die heute üblichen Software-RIP sind RIP-Programme, die auf Standardcomputern, PC oder Mac, arbeiten.

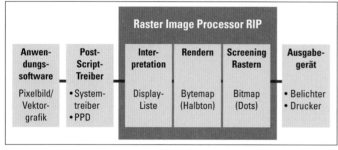

**RIP-Prozess**

## 1.4 Aufbau einer PDF-Datei

PDF ist ein objektbasiertes Datenformat. Es hat seinen Ursprung in der Display-Liste einer interpretierten PostScript-Datei, also einem Zwischenprodukt des RIP-Vorgangs.

### 1.4.1 Struktur

PDF-Dokumente haben eine interne und eine logische Struktur. Die interne Struktur beschreibt die Seiteninhalte und die Objekthierarchie. Mit der logischen Struktur wird das PDF-Dokument z.B. mittels Tags gegliedert. Damit wird die Barrierefreiheit des Dokuments möglich. Wir werden auf Seite 34 auf die logische Struktur im Zusammenhang mit PDF/UA zurückkommen.

Die interne Struktur eines PDF-Dokuments können Sie in Acrobat mit dem Werkzeug *Druckproduktion > Preflight > Optionen* **A** *> Interne Struktur darstellen* überprüfen. Die Bearbeitung der Struktur ist nicht möglich.

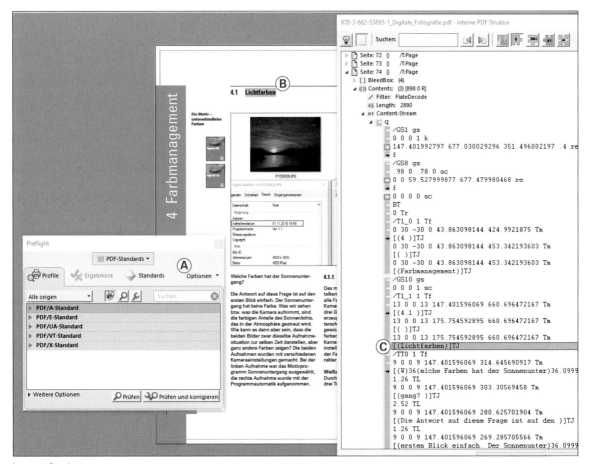

**Interne Struktur**

Die markierte Textstelle **B** im PDF-Dokument und in der Strukturanzeige **C**

### 1.4.2 PDF-Rahmen (-Boxen)

Jede PDF-Seite besteht aus mehreren in sich geschachtelten Rahmen, den sogenannten Boxen.

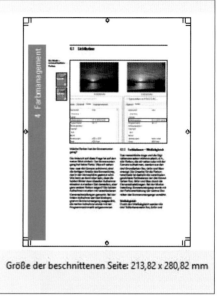

Größe der beschnittenen Seite: 213,82 x 280,82 mm

**Medien-Rahmen (Media-Box)**

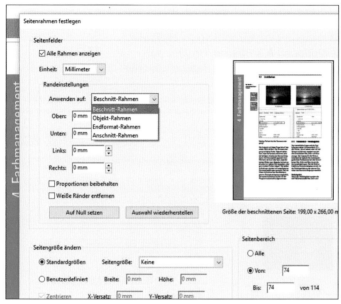

Acrobat: Dialogfeld „Seitenrahmen festlegen"

**Medien-Rahmen (Media-Box)**
Der Medien-Rahmen entspricht der Seitengröße, die beim Drucken gewählt wird. Er ist der größte Rahmen und umfasst somit alle anderen Rahmen. Alle Elemente, die über den Medien-Rahmen hinausragen, werden abgeschnitten.

**Beschnitt-Rahmen (Crop-Box)**
Der Beschnitt-Rahmen ist der einzige Rahmen, der nicht schon aus dem Quellprogramm mitgeführt wird. Er entsteht erst in Acrobat, wenn Sie die Seite mit dem Beschneiden-Werkzeug beschneiden. Dadurch werden die Seitenelemente außerhalb des Rahmens nicht gelöscht, sondern nur ausgeblendet.

**Objekt-Rahmen (Art-Box)**
Der Objekt-Rahmen bzw. die Art-Box umschließt alle Objekte, die sich auf der Seite befinden. Er beschreibt die Größe der PDF-Seite beim Platzieren in einem anderen Programm.

**Endformat-Rahmen (Trim-Box)**
Der Endformat-Rahmen beschreibt das beschnittene Endformat der Seite.

**Anschnitt-Rahmen (Bleed-Box)**
Der Anschnitt-Rahmen liegt zwischen Endformat- und Medien-Rahmen. Er definiert bei angeschnittenen randabfallenden Elementen den Anschnitt. Beim Ausdruck einer DIN-A5-Seite auf einem A4-Drucker wäre also der Medien-Rahmen DIN A4 und der Endformat-Rahmen DIN A5. Der Anschnitt-Rahmen wäre an allen vier Seiten 3 mm größer als DIN A5. Alle Hilfszeichen wie z. B. Passkreuze liegen außerhalb des Anschnitt-Rahmens im Medien-Rahmen.

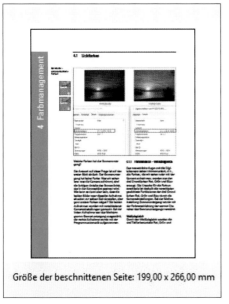

Größe der beschnittenen Seite: 199,00 x 266,00 mm

**Beschnitt-Rahmen (Crop-Box)**

Größe der Objektrahmen: 193,00 x 260,00 mm

**Objekt-Rahmen (Art-Box)**

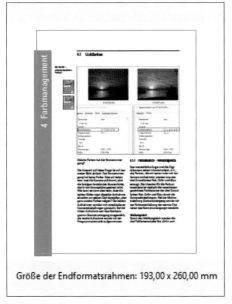

Größe der Endformatsrahmen: 193,00 x 260,00 mm

**Endformat-Rahmen (Trim-Box)**

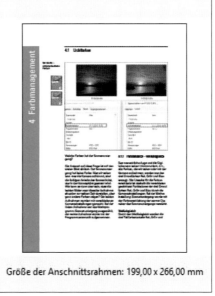

Größe der Anschnittsrahmen: 199,00 x 266,00 mm

**Anschnitt-Rahmen (Bleed-Box)**

## 1.5 PDF/X – ISO 15930

PDF/X ist der ISO-PDF-Standard für den Printmedien-Workflow. Das X steht für eXchange, dem standardisierten Austausch von PDF-Dokumenten zwischen den Stationen des Workflows. In der Praxis werden 3 PDF/X-Versionen eingesetzt. Mit steigender Versionsnummer nehmen die Freiheitsgrade zu. Häufig werden die PDF/X-Vorgaben auch noch durch eigene betriebsspezifische Einstellungen **A** ergänzt.

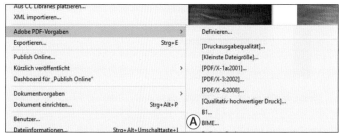

**PDF-Exporteinstellungen in InDesign**

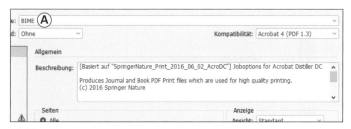

**PDF-Exporteinstellungen in InDesign**
*Bibliothek der Mediengestaltung,* Basis PDF/X-3

**OPI, Open Prepress Interface**

Das Open Prepress Interface ist ein universelles Schnittstellenprotokoll in der Druckvorstufe.
Im Printlayout werden niedrig aufgelöste Bilder platziert und erst bei der Ausgabeberechnung durch hoch aufgelöste bilder ersetzt.

### 1.5.1 PDF/X-1a (ISO 15930-1)

Der PDF/X-1-Standard wurde in den USA entwickelt. PDF/X-1a ist eine Variante von PDF/X-1. Er ist die heute in der Medienproduktion übliche Variante.

**PDF/X-1a-Vorgaben**
- Basis ist die PDF-Version 1.3, ab 2003 PDF 1.4, allerdings ohne Transparenzen.

- Die PDF/X-1-Datei muss alle benötigten Ressourcen enthalten. Sie darf nicht auf die Ressourcen des Rechners zurückgreifen.
- Die Bildauflösung muss für den jeweiligen Ausgabeprozess ausreichend hoch sein.
- Alle Abbildungen müssen als PDF-Element eingebunden sein.
- Transferfunktionen dürfen nicht enthalten sein.
- Die Seitenrahmen bzw. -boxen müssen definiert sein.
- Rastereinstellungen sind erlaubt, aber nicht zwingend.
- Es muss ein Output-Intent definiert sein.
- Nur CMYK und Sonderfarben sind erlaubt.
- Der Überfüllungsschlüssel muss gesetzt sein.
- Kommentare sind nur außerhalb des Anschnitt-Rahmens zulässig.
- Die Datei darf keine Transparenzen enthalten.
- Die Datei darf keine Bild- und Einstellungsebenen enthalten.
- Schriften müssen eingebettet sein.
- Keine OPI-Kommentare, die Bilder müssen in der Datei sein.
- JavaScript, Hyperlinks usw. sind nicht zulässig.
- Nur Composite, keine vorseparierten Dateien
- Verschlüsselung ist unzulässig.

### 1.5.2 PDF/X-3 (ISO 15930-3)

PDF/X-3 wurde gemeinsam von der ECI, European Color Initiative, und dem bvdm, Bundesverband Druck und Medien, entwickelt.

**PDF/X-3-Vorgaben**
- Basis ist die PDF-Version 1.3.
- Die PDF/X-3-Datei muss alle benö-

tigten Ressourcen enthalten. Sie darf nicht auf die Ressourcen des Rechners zurückgreifen.
- Die Bildauflösung muss für den jeweiligen Ausgabeprozess ausreichend hoch sein.
- LZW-Komprimierung der Abbildungen ist nicht zulässig.
- Transferfunktionen dürfen nicht enthalten sein.
- Die Seitenrahmen bzw. -boxen müssen definiert sein.
- Rastereinstellungen sind erlaubt.
- Es muss ein Output-Intent definiert sein.
- RGB-Dateien sind nur mit Farbprofil erlaubt.
- Der Überfüllungsschlüssel muss gesetzt sein.
- Kommentare sind nur außerhalb des Anschnitt-Rahmens zulässig.
- Die Datei darf keine Transparenzen enthalten.
- Die Datei darf keine Bild- und Einstellungsebenen enthalten.
- Schriften müssen eingebettet sein.
- Keine OPI-Kommentare, die Bilder müssen in der Datei sein.
- JavaScript, Hyperlinks usw. sind nicht zulässig.
- Nur Composite, keine vorseparierten Dateien
- Verschlüsselung ist unzulässig.

### 1.5.3 PDF/X-4 (ISO 15930-7)

PDF/X-4 ist eine Weiterentwicklung des PDF/X-3-Standards. Der wesentliche Unterschied ist die Möglichkeit, Transparenzen zu verarbeiten.

**PDF/X-4-Vorgaben**
- Basis ist die PDF-Version 1.4.
- Die Bildauflösung muss für den jeweiligen Ausgabeprozess ausreichend hoch sein.

- Die PDF/X-4-Datei muss alle benötigten Ressourcen enthalten. Sie darf nicht auf die Ressourcen des Rechners zurückgreifen.
- LZW-Komprimierung der Abbildungen ist nicht zulässig.
- Transferfunktionen dürfen nicht enthalten sein.
- Die Seitenrahmen bzw. -boxen müssen definiert sein.
- Rastereinstellungen sind erlaubt.
- Es muss ein Output-Intent definiert sein.
- RGB-Dateien und CMYK-Dateien sowie Sonderfarben sind erlaubt.
- Der Überfüllungsschlüssel muss gesetzt sein.
- Kommentare sind nur außerhalb des Anschnitt-Rahmens zulässig.
- Transparenzen und Ebenen sind erlaubt.
- Schriften müssen eingebettet sein.
- Keine OPI-Kommentare, die Bilder müssen in der Datei sein.
- JavaScript, Hyperlinks usw. sind nicht zulässig.
- Nur Composite, keine vorseparierten Dateien
- Verschlüsselung ist unzulässig.

### 1.5.4 Zusätzliche Eigenschaften

Bei der Erstellung von PDF/X-Dateien werden einige wichtige Parameter leider nicht automatisch berücksichtigt und optimiert:
- Korrekte auf den Ausgabeprozess bezogene Auflösung der Abbildungen
- Starke JPEG-Komprimierung und daraus resultierende Artefaktebildung
- Verwendung von Haarlinien
- Fehlende Schriftschnitte
- Mehrfarbig aufgebaute schwarze Linien und Schrift

Kontrollieren und modifizieren Sie diese Parameter im Dokument.

9

## 1.6 Aufgaben

### 1 Das Akronym PDF kennen

Was bedeutet das Akronym PDF?

### 2 PDF-Standards kennen

Nennen Sie vier PDF-Standards mit den zugehörigen Normen und PDF-Versionen.

1.

2.

3.

4.

### 3 PDF-Standard im Printmedien-Workflow zuordnen

Welcher PDF-Standard hat im Printmedien-Workflow große Bedeutung?

### 4 PDF-Standard für barrierefreie PDF-Dokumente kennen

Welcher PDF-Standard gilt für barrierefreie PDF-Dokumente?

### 5 PDF-Kompatibilitätsebenen unterscheiden

Erläutern Sie den Begriff PDF-Kompatibilitätsebenen.

### 6 PostScript kennen

Nennen Sie die Elemente des PostScript Imaging Model.

1.

2.

3.

### 7 PostScript kennen

Wodurch ist PostScript gekennzeichnet?

## 8  RIP-Vorgang beschreiben

Beschreiben Sie die vier Schritte des
RIP-Vorgangs:
1. Interpretieren
2. Erstellen der Display-Liste
3. Rendern
4. Screening/Rastern

1.

2.

3.

4.

## 9  PDF-Rahmen kennen

Nennen Sie vier PDF-Rahmen.

1.

2.

3.

4.

## 10  PDF-Rahmen unterscheiden

Welche Dokumenteneigenschaften werden durch den Anschnitt-Rahmen bzw.
die Bleed-Box definiert?

## 11  PDF/X-3 erläutern

Was bedeutet der Zusatz X-3?

## 12  PDF/X-3 und PDF/X-4 unterschei-
den

Nennen Sie eine wesentliche Eigenschaft, die  PDF/X-3 und PDF/X-4 unterscheidet.

## 2.1 PDF-Joboptions

Viele Wege führen zu PDF. Welcher ist nun der richtige? Soll das PDF für ein bestimmtes Ausgabemedium erstellt werden? Oder brauchen Sie ein universelles PDF, das dann je nach Ausgabemedium editiert und optimiert werden kann? Soll das PDF der Bürokommunikation dienen? Ist das PDF Teil des Printworkflows? Fragen über Fragen – und wie meist gibt es keine eindeutigen Antworten.

Wenn Sie die PDF-Datei als neutralen Container nutzen wollen, weil die spätere Ausgabe zum Zeitpunkt der Erstellung noch nicht bekannt ist, oder die Datei crossmedial in verschiedenen Anwendungen genutzt werden soll, dann bleibt nur eines: Erstellen Sie das bestmögliche PDF. Wir wählen dazu PDF/X-3. Im Kapitel 4 *PDF-Bearbeitung* zeigen wir ab Seite 81 die Konvertierung in den jeweiligen PDF-Standard.

In einem bekannten PDF-Workflow ist es natürlich sinnvoll, schon bei der PDF-Erstellung die jeweils optimalen Einstellungen zu treffen. Sie können die PDF-Vorgaben einstellen und speichern. Die PDF-Vorgaben werden in einer Datei mit der Dateiendung *.joboptions gespeichert und stehen nach der Speicherung automatisch in allen Adobe-Programmen zur Verfügung. Wie die Farbeinstellungen können auch die Joboptions als Datei weitergegeben und auf dem Zielrechner installiert werden. Viele Medienbetriebe bieten spezifische Joboptions als Download an.

### 2.1.1 Joboptions installieren

Joboptions können Sie auf zwei Arten installieren.

**Einfügen der Datei**
Der direkte Weg ist, die Joboption-Datei in den Settings-Ordner einzufügen.

- Windows
  *OS(C:) > Benutzer > Benutzername > AppData > Roaming > Adobe > Adobe PDF > Settings*
- macOS
  *Macintosh HD > Library > Application Support > Adobe > Adobe PDF > Settings*

**Laden der Datei**
Die zweite Möglichkeit: Sie laden die Joboption in InDesign. Die Datei wird automatisch im richtigen Ordner gespeichert und steht damit auch den anderen auf Ihrem Rechner installierten Adobe-Programmen zur Verfügung.

**Making of …**

1 Öffnen Sie das Dialogfenster Adobe PDF-Vorgaben unter Menü *Datei > Adobe PDF-Vorgaben > Definieren...*

2 Laden Sie die Joboption-Datei **A**.

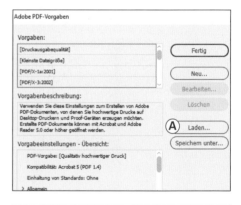

© Springer-Verlag GmbH Deutschland 2018
P. Bühler, P. Schlaich, D. Sinner, *PDF*, Bibliothek der Mediengestaltung,
https://doi.org/10.1007/978-3-662-54615-4_2

3   Bestätigen Sie mit *Fertig* **B**.

4   Die neue PDF-Vorgabe steht nun
    zur Auswahl beim PDF-Export
    bereit **C**.

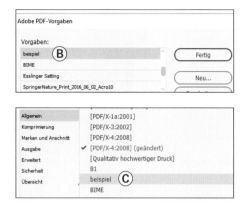

## 2.1.2   Joboptions definieren

### PDF/X-3:2002

Stellvertretend für alle PDF-Vorgaben
sind hier die Registerkarten der
PDF/X-3-Joboption beschrieben. Die
Registerkarten sind in allen Settings
die gleichen, die Einstellungen va-
riieren naturgemäß jeweils auf den
Ausgabeprozess bezogen. Sie können
aber grundsätzlich immer ein PDF/X-3
erstellen, um ein umfassend nutzbares
PDF zu haben.

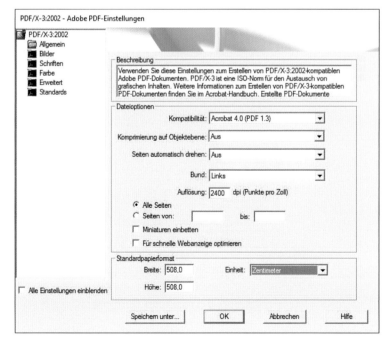

**Registerkarte Allgemein**

- Die *Kompatibilität* muss auf Acrobat
  4.0 (PDF 1.3) gestellt sein.
- Die *Komprimierung auf Objektebene*
  muss deaktiviert sein, da sonst Struk-
  turinformationen der Seite kompri-
  miert werden. Dies kann zu Schwierigkeiten beim RIP-Prozess führen.
- *Seiten automatisch drehen* kann zu
  unliebsamen Überraschungen führen.
  Die Seiten sollten in der von Ihnen
  vorgegebenen Formatlage verbleiben.
- Mit der Option *Bund* können Sie aus
  einer linken Seite eine rechte Seite
  machen.
- Die eingestellte *Auflösung* sollte nicht
  unter 2400 dpi liegen.
- *Miniaturen einbetten* vergrößert die
  Datei.
- Als *Standardpapierformat* wählen
  Sie die maximal mögliche Größe von
  508 cm x 508 cm. Dies hat keinen Ein-
  fluss auf das spätere Ausgabeformat,
  das PDF ist aber auf jeden Fall nicht
  beschnitten.

### Registerkarte Bilder

- Die *Neuberechnung* von Bildern bedeutet Neuberechnung der Auflösung. Dabei erfolgt nur ein Downsampling (Herunterrechnen) zu hoch aufgelöster Bilder. Niedrig aufgelöste Bilder werden in ihrer Auflösung belassen. Die *Bikubische Neuberechnung* führt bei Halbtonbildern zum besten Ergebnis.
- Die *Komprimierung* erfolgt automatisch hinsichtlich der Qualitätsoptimierung.
- *Graustufenbilder* sind 8-Bit-Halbtonbilder mit maximal 256 Tonwertstufen.
- *Schwarzweißbilder* sind 1-Bit-Strichabbildungen. Hier kann eine Neuberechnung zu sehr unschönen Treppenstufen oder Interferenzerscheinungen führen. Sie sollten deshalb 1-Bit-Bilder nicht neu berechnen lassen. Die Einstellung in der Registerkarte führt dazu, dass nur Bilder mit einer Auflösung von über 1800 dpi neu berechnet werden.

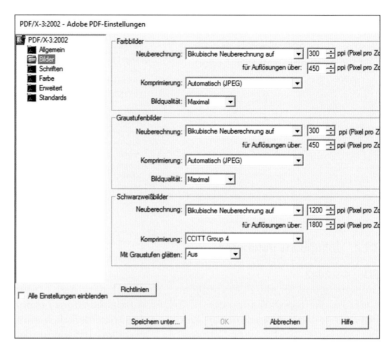

### Registerkarte Schriften

- Schriften müssen immer vollständig eingebettet werden. Bei TrueType-Schriften kommt es immer wieder zu Schwierigkeiten beim Einbetten. Falls sich aus technischen oder rechtlichen Gründen eine Schrift nicht einbetten lässt, dann ist diese Schrift für die Erzeugung einer PDF/X-3-Datei nicht geeignet und Sie sollten auf eine Ersatzschrift zurückgreifen.

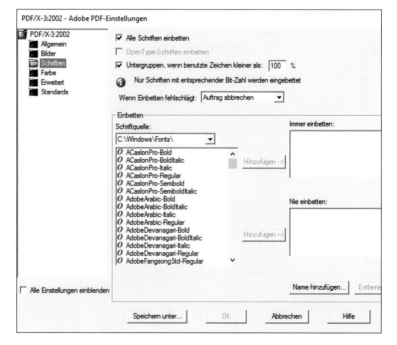

14

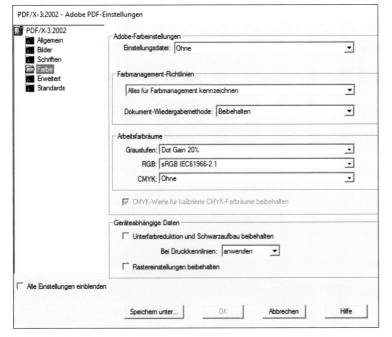

**Registerkarte Farbe**

- Ohne *Einstellungsdatei* bedeutet, dass Sie in keinem vorgelagerten Adobe-Programm eine Farbeinstellungsdatei generiert haben. Wenn Sie die Farbeinstellungen in Adobe CC synchronisiert haben, dann wählen Sie diese Farbeinstellungen als Einstellungsdatei.

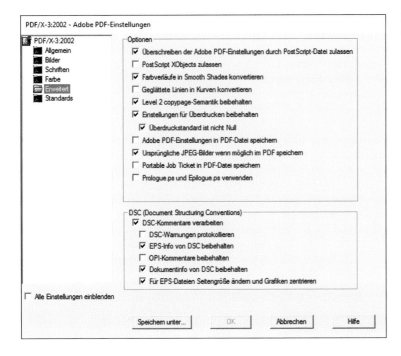

**Registerkarte Erweitert**

- Belassen Sie die Voreinstellungen.

### Registerkarte Standards

- Das Setzen von *PDF/X-3* überprüft bei der Erstellung automatisch die PDF/X-3-Kompatibilität.
- Falls kein Endformat-Rahmen (Trim-Box) definiert ist, können Sie hier ein Format definieren.
- Hier können Sie einen Anschnitt-Rahmen (Bleed-Box) festlegen.
- Die Angabe eines Output-Intents ist notwendig.
- Die Angabe der Registrierung-URL ist optional.
- Der Überfüllungsschlüssel muss gesetzt sein. Bei Composite-Applikationen ist *Nein* die Standardeinstellung.

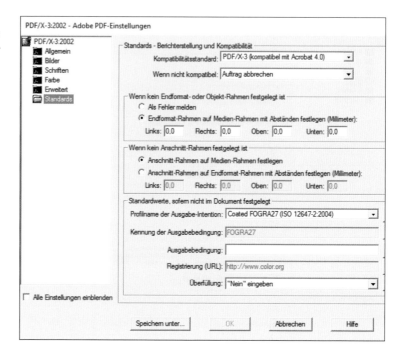

## 2.1.3 Joboption modifizieren

Jede installierte Joboption können Sie als Basis für auf Ihren Ausgabeprozess optimierte PDF-Vorgaben verwenden.

**Making of ...**

1 Öffnen Sie das Programm Adobe Distiller.

2 Wählen Sie die Adobe PDF-Einstellung **A**, die Sie modifizieren möchten.

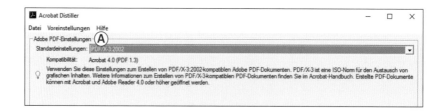

3 Öffnen Sie in Acrobat Distiller unter
Menü *Voreinstellungen > Adobe
PDF-Einstellungen bearbeiten...* **B**

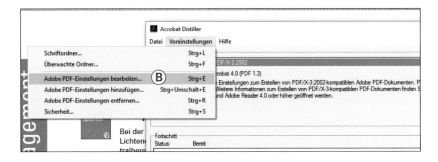

4 Modifizieren Sie die Einstellungen
in den Registerkarten. Als Beispiel
die Registerkarte *Farbe* von „BIME"
**C**, der Joboption der Bibliothek
der Mediengestaltung. Basis war
die Joboption „SpringerNature_
Print_2016_06_02_AcroDC" **D**.

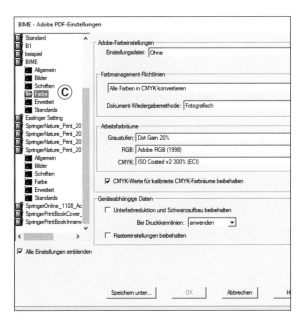

5    Speichern Sie die Einstellungen als
     Joboption mit *Speichern unter...* **E**.
     Die Joboption-Datei wird automa-
     tisch in den Ordner Settings gespei-
     chert und steht jetzt als PDF-Vorga-
     be in allen Adobe Programmen auf
     Ihrem Rechner zur Verfügung.

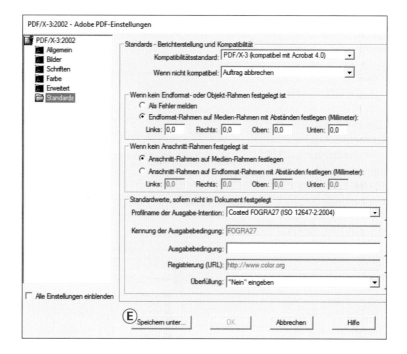

### 2.2.1 PDF-Erstellung über PostScript

Die PDF-Erstellung über PostScript ist nach wie vor der sicherste Weg, ein gutes PDF zu erhalten. Dazu wird zunächst aus der Applikation heraus eine PostScript-Datei erstellt, die dann anschließend im Adobe Distiller in ein PDF konvertiert wird.

Der Acrobat Distiller ist ein Software-Interpreter zur Generierung einer PDF-Datei. Er wird bei der Installation von Acrobat automatisch im selben Ordner auf dem Computer mitinstalliert. Verschiedene Settings, PDF-Einstellungen, erlauben Ihnen, ein für den jeweiligen PDF-Workflow optimiertes PDF zu erstellen.

**PostScript-Druckertreiber**
Zur Erzeugung einer PostScript-Datei benötigen Sie einen PostScript-Druckertreiber. Da das PDF geräteunabhängig sein soll, müssen Sie auch einen geräteneutralen Treiber, z. B. „Acrobat Distiller" oder den Adobe PostScript-Druckertreiber, verwenden. Falls Sie einen anderen PostScript-Druckertreiber zur Erstellung Ihrer PostScript-Datei verwenden, dann müssen Sie darauf achten, dass der Druckertreiber auch das gewünschte Endformat unterstützt. Ansonsten wird das geometrische Format des PDF durch das maximale Druckformat bestimmt. Wenn Sie z. B. für die Erzeugung eines DIN A3 großen PDF den Druckertreiber eines DIN-A4-PostScript-Druckers verwenden, dann wird das Format nach der Hälfte abgeschnitten. Der Grund liegt in der beschränkten Größe des Medien-Rahmens. Der Medien-Rahmen entspricht der Seitengröße, die beim Drucken gewählt wird. Sie haben die PDF-Rahmen im Kapitel 1 *PDF-Grundlagen* auf Seite 6 schon kennengelernt.

**PostScript-Datei erstellen**
Die Erstellung einer PostScript-Datei erfolgt in den verschiedenen Programmen über das Drucker-Dialogfeld. Statt der Druckausgabe wird die Datei als PostScript gesichert **A**.

Druckerdialogeinstellung zur Erzeugung einer PS-Datei

**Konvertierung in Acrobat Distiller**
Nach der Erstellung der PostScript-Datei konvertieren Sie die Datei in Adobe Distiller. Stellvertretend für alle Distiller-Settings erstellen wir hier ein PDF/X-3.

**Making of …**

1 Öffnen Sie den Acrobat Distiller.

2 Wählen Sie die passenden PDF-Einstellungen bzw. Settings. Nachdem wir ein PDF/X-3 erzeugen möchten, ist PDF/X-3:2002 **B** die richtige Einstellung. Die Verwaltung der PDF-Einstellungen erfolgt unter Menü *Voreinstellungen* **C**.

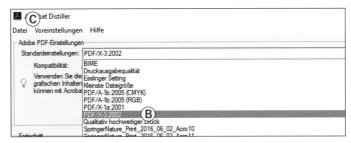

Auswahl der PDF-Einstellungen zur PDF-Erzeugung aus einer PS-Datei

3 Öffnen Sie die PostScript-Datei
unter Menü *Datei > Öffnen...* **D**. Der
Distiller konvertiert die PostScript-
Datei entsprechend den von Ihnen
getroffenen Einstellungen in ein
PDF und legt die PDF-Datei dann
automatisch in den Ordner, in dem
die PS-Datei gespeichert ist. Der
Dateinamen bleibt gleich, es ändert
sich nur die Dateiendung **E**.

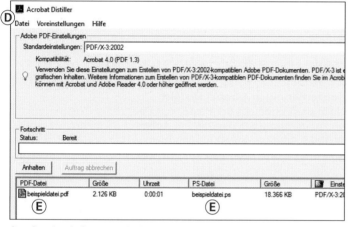

Anzeige des Auftrags nach der Konvertierung

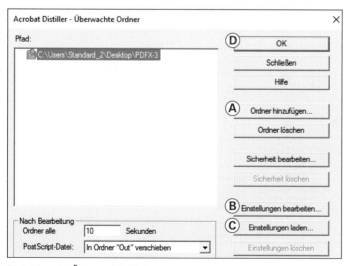

Dialogfenster Überwachte Ordner

## 2.2.2 Überwachte Ordner

Mit Adobe Distiller können Sie die Erstellung Ihrer PDF-Dateien automatisie-
ren. Dies erfolgt durch die Einrichtung
spezieller überwachter Ordner.

Sie können für jede Ihrer PDF-
Einstellungen, PDF/X-3, PDF/X-4 usw.,
eigene überwachte Ordner anlegen.
Beim Abspeichern in den jeweiligen
In-Ordner erzeugt der Distiller automatisch das richtige PDF und legt die Datei
in den zugehörigen Out-Ordner.

**Making of ...**

1 Erstellen Sie einen Ordner. Benen-
nen Sie den Ordner z. B. mit dem
Namen der gewünschten PDF-
Einstellung.

2 Öffnen Sie das Dialogfenster *Überwachte Ordner* unter Menü *Voreinstellungen > Überwachte Ordner...*

3 Erstellen Sie mit der Option *Ordner
hinzufügen...* **A** die In- und Out-Ordner in dem bei Punkt 1 erstellten
Ordner.

4 Wählen Sie die PDF-Einstellung *Einstellungen bearbeiten...* **B** alternativ laden Sie eine Joboption-Datei
mit *Einstellungen laden...* **C**.

5 Bestätigen Sie die Erstellung der
überwachten Ordner mit *OK* **D**.

Wir haben die Erstellung einer PDF-Datei über den Adobe Distiller kennengelernt. Natürlich können Sie auch direkt in den verschiedenen Programmen der Adobe Creative Cloud aus einer Datei ein PDF erstellen. Die meisten Optionen bietet InDesign, da hier Layout, Schrift, Bild und Grafik integriert werden.

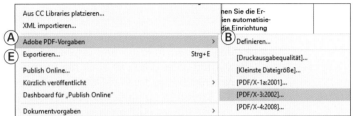

PDF-Vorgaben zum PDF-Export

### 2.3.1 PDF-Vorgaben – Joboptions

Wählen Sie zur Auswahl und Einstellung unter Menü *Datei > Adobe PDF-Vorgaben* **A**.

Falls Sie eigene Joboptions erstellen, bestehende modifizieren oder gelieferte laden möchten, dann wählen Sie den Menüpunkt *Definieren...* **B**. Zur Neuerstellung und Anpassung bestehender Joboptions klicken Sie auf *Neu...* **C**. Zur Verwendung gelieferter Joboptions klicken Sie auf *Laden...* **D**.

### 2.3.2 Exportieren

InDesign-Dateien werden aus InDesign nicht als PDF-Datei gespeichert, sondern exportiert.

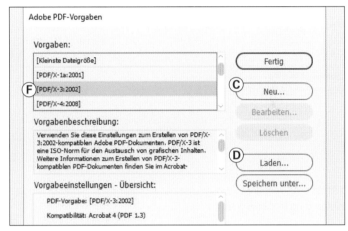

PDF-Vorgaben verwalten

**Making of ...**

1 Exportieren Sie die InDesign-Datei unter Menü *Datei > Exportieren...* **E**.

2 Legen Sie Speicherort und Speichername fest.

3 Exportieren Sie die Datei. Im Export-Dialogfenster können Sie die PDF-Vorgaben noch verändern. Voreingestellt ist die PDF-Vorgabe, die Sie unter Menü *Datei > Adobe PDF-Vorgabe* gemacht haben **F**.

PDF-Vorgaben zum Dateiexport

21

## 2.4 PDF in Photoshop erstellen

### 2.4.1 Bilddatei als PDF speichern

Neben den üblichen Dateiformaten zur Bildausgabe in Print- und Digitalmedien wie TIFF oder JPEG ist auch die Ausgabe eines Bildes als PDF-Datei möglich. Die Speicherung einer Photoshop-Datei als PDF erfolgt einfach unter Menü *Speichern unter... > Dateityp: Photoshop PDF*. Natürlich können Sie auch in Photoshop aus den Joboptions die für Ihren Ausgabeprozess optimale Einstellung auswählen und ggf. modifizieren.

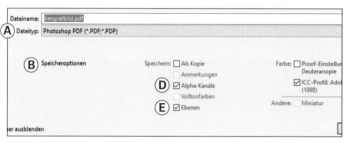

**Bilddatei als PDF speichern**

**PDF-Vorgaben verwalten**

**Making of ...**

1 Öffnen Sie das Speichern-Dialog-fenster.

2 Wählen Sie *Photoshop PDF* **A** als Dateityp.

3 Stellen Sie die Speicheroptionen **B** ein und bestätigen Sie mit Speichern.

4 Überprüfen Sie die Adobe PDF-Vorgabe **C**. Wählen Sie ggf. eine andere PDF-Vorgabe oder modifizieren Sie die Voreinstellung.

5 Speichern Sie die Bilddatei mit *PDF speichern*.

### 2.4.2 PDF/X-3 und PDF/X-4

Allgemein gilt TIFF als das Austausch-dateiformat für Bilder für den Druck. Um aber zu gewährleisten, dass ein Bild den Prozessvorgaben genügt, reicht das TIF-Format nicht aus. So kann ein TIFF-Bild auch im RGB-Modus ohne Farbprofil, mit Ebenen, Alpha-Ka-nälen und geringer Auflösung abge-speichert werden. Es ist deshalb für die Bilddatenübernahme in einem offenen Workflow zur Standardisierung auch für Bilder die Erstellung einer PDF-Datei nach dem PDF/X-3-Standard möglich. Bei der Speicherung des Bildes als PDF/X-3 können Sie durch die Auswahl des Farbprofils direkt eine Farbkon-vertierung für den Ausgabeprozess durchführen. Die Bildauflösung können Sie dabei ebenfalls für den jeweiligen Ausgabeprozess optimiert neu berech-nen lassen.

Die Einstellungen *Speichern: Alpha-Kanäle* **D** und *Speichern: Ebenen* **E** im Speichern-Dialog von Photoshop werden durch die Spezifikation von PDF/X-3 überschrieben, die Ebenen werden automatisch zusammengeführt, Alpha-Kanäle werden gelöscht. Sie müssen deshalb, falls in Ihrer PDF-Datei Transparenzen und Ebenen beibehalten werden sollen, die Photoshop-Datei als PDF/X-4 abspeichern.

## 2.5 PDF in Illustrator erstellen

### 2.5.1 Grafikdatei als PDF speichern

Neben den üblichen Dateiformaten zur Grafikausgabe in Print- und Digitalmedien wie AI, EPS, SVG oder SWF ist auch die Ausgabe einer Vektorgrafik als PDF-Datei möglich. Die Speicherung einer Illustrator-Datei als PDF erfolgt einfach unter Menü *Speichern unter... > Dateityp: Adobe PDF (pdf)*.

Eine Besonderheit in Illustrator ist die Adobe PDF-Vorgabe *Illustrator-Standard* **A**. Bei dieser Einstellung bleiben alle Illustrator-Bearbeitungsfunktionen in der PDF-Datei erhalten. Natürlich können Sie auch in Illustrator aus den Joboptions die für Ihren Ausgabeprozess optimale Einstellung auswählen und ggf. modifizieren. Beachten Sie, dass bei der Speicherung als PDF illustratorspezifische Bearbeitungsmöglichkeiten verloren gehen können.

**Making of ...**

1 Öffnen Sie das Speichern-Dialogfenster.

2 Wählen Sie *Adobe PDF* **B** als Dateityp.

3 Überprüfen Sie die Adobe PDF-Vorgabe **C**. Wählen Sie ggf. eine andere PDF-Vorgabe oder modifizieren Sie die Voreinstellung.

4 Speichern Sie die Grafikdatei mit *PDF speichern*.

### 2.5.2 PDF/X-3 und PDF/X-4

Allgemein gilt EPS als das Austauschdateiformat für Vektorgrafiken für den Druck. Um aber zu gewährleisten, dass ein Bild den Prozessvorgaben genügt, reicht das EPS-Format oft nicht aus. So

kann eine EPS-Grafik auch im RGB-Modus ohne Farbprofil und mit Ebenen abgespeichert werden. Es ist deshalb für die Grafikdatenübernahme in einem offenen Workflow zur Standardisierung auch für Vektorgrafiken die Erstellung einer PDF-Datei nach dem PDF/X-3-Standard möglich. Bei der Speicherung der Grafik als PDF/X-3 können Sie durch die Auswahl des Farbprofils direkt eine Farbkonvertierung für den Ausgabeprozess durchführen. Für die Reduzierung der Transparenz, die Einstellung von Überdrucken und die Umwandlung der Schrift in Pfade können Sie bei der Joboption für PDF/X-3 dezidierte Einstellungen treffen. Falls in Ihrer PDF-Datei Transparenzen und Ebenen beibehalten werden sollen, müssen Sie die Illustrator-Datei als PDF/X-4 abspeichern. Für in der AI-Datei platzierte Pixelbilder oder Pixelgrafiken gelten die üblichen Speicher- und Komprimierungseinstellungen

**Grafikdatei als PDF speichern**

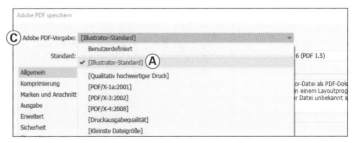

**PDF-Vorgaben verwalten**

## 2.6 PDF in Acrobat erstellen

### 2.6.1 PDF aus Datei erstellen

Acrobat bietet die Möglichkeit, ohne den Umweg über eine PostScript-Datei und den Distiller aus einer Reihe Dateiformate direkt ein PDF zu erstellen.

**Making of...**

Eine Bilddatei im TIF-Format soll direkt in PDF konvertiert werden.

1 Wählen Sie unter Menü *Datei > Erstellen > PDF aus Datei...* die zu konvertierende Datei **A** aus.

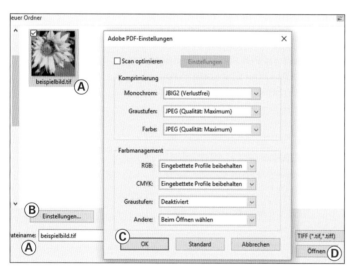

2 Öffnen Sie mit *Einstellungen* das Dialogfenster **B** der *Adobe PDF-Einstellungen*. Bestätigen Sie mit *OK* **C**.

3 Öffnen Sie die Datei **D**. Die Datei wird automatisch konvertiert und in Acrobat geöffnet.

4 Speichern Sie die Datei in Acrobat unter Menü *Datei > Speichern unter...*

### 2.6.2 Dateien zusammenführen

Sie können in Acrobat aus mehreren PDF-Dateien eine neue PDF-Datei erstellen.

**Making of...**

1 Öffnen Sie die Option *Dateien zusammenführen* unter Menü *Datei > Erstellen > Dateien in einem einzigen PDF-Dokument zusammenführen...*

2 Fügen Sie PDF-Dateien hinzu. Sie haben dazu verschiedene Optionen.

3 Wählen Sie die PDF-Dateien aus und bestätigen Sie mit *Öffnen* **E**.

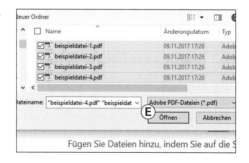

24

4 Sie können die Reihenfolge der Dateien nach dem Hinzufügen per *Drag and Drop* verändern.

5 Bestätigen Sie mit *Zusammenführen* **F**.

6 Speichern Sie die Datei in Acrobat unter Menü *Datei > Speichern unter...*

### 2.6.3 PDF über den Scanner erstellen

Sie können in Acrobat über einen Scanner direkt eine PDF-Datei erstellen. Das Programm bietet dazu vorlagenbezogene Optionen mit differenzierten Einstellmöglichkeiten.

**Making of ...**

1 Öffnen Sie die Scan-Option unter Menü *Datei > Erstellen > PDF über den Scanner...*

2 Wählen Sie den Vorlagentyp **A** aus.

3 Wählen Sie den angeschlossenen Scanner **B**.

4 Machen Sie die auftragsbezogenen Einstellungen.

5 Schließen Sie die Erstellung mit Scannen **C** ab.

6 Speichern Sie die Datei in Acrobat unter Menü *Datei > Speichern unter...*

### 2.6.4 PDF von Webseite erstellen

Sie können in Acrobat aus der Browser-
darstellung einer Webseite direkt eine
PDF-Datei erstellen.

**Making of ...**

1   Öffnen Sie die Scan-Option unter
    Menü *Datei > Erstellen > PDF von
    Webseite...*

2   Geben Sie die URL **A** der Seite in
    das Dialogfenster ein.

3   Öffnen Sie das Dialogfenster und
    machen Sie die Einstellungen zur
    der Webseitenkonvertierung.

4   Erstellen Sie die PDF-Datei.

5   Speichern Sie die Datei in Acro-
    bat unter Menü *Datei > Speichern
    unter...*

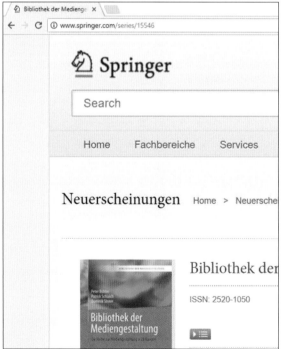

**Webseite**

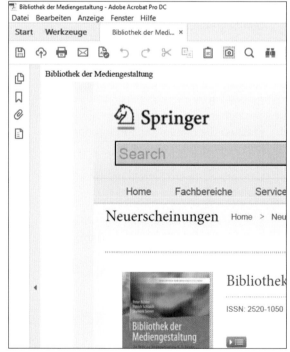

**PDF-Datei**

### 2.6.5 Eigenschaften

Beim Erstellen einer PDF-Datei in Acrobat können Sie verschiedene Eigenschaften der Datei einstellen. Gehen Sie dazu auf Menü *Datei > Eigenschaften...* Stellvertretend soll hier die Eigenschaft *Sicherheit* vorgestellt werden. Wie Sie im Screenshot sehen, hat der Nutzer einer PDF-Datei nach dem Öffnen zunächst alle Rechte zur Bearbeitung der Datei. Mit dem Kennwortschutz legen Sie fest, ob die Datei ohne Kennwort geöffnet werden kann und ob sie z. B. gedruckt oder Seiten entnommen werden dürfen. Dies ist vor allem sinnvoll, wenn Sie die Dateien über das Internet verbreiten und Ihre Rechte dabei schützen möchten.

Beachten Sie, dass für Dateien nach dem PDF/X-Standard nicht alle Eigenschaften erlaubt sind.

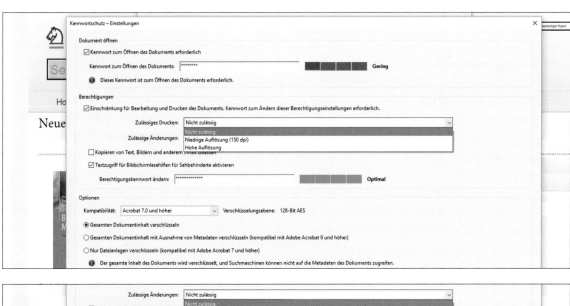

## 2.7 PDF in Office-Programmen erstellen

Die Erstellung einer PDF-Datei aus Office-Anwendungen ist in allen Office-Programmen möglich, egal ob Microsoft Office oder die freien Alternativen wie LibreOffice oder OpenOffice. Außerdem gibt es freie PDF-Konverter, z. B. pdf24 als PDF-Drucker oder Online-Konverter auf https://de.pdf24.org.

### 2.7.1 OpenOffice

Zur PDF-Erstellung in OpenOffice gibt es zwei Möglichkeiten.

**PDF exportieren**
Sie erstellen das PDF direkt mit den Standard-PDF-Einstellungen von Open-Office.

**Making of ...**

1　Gehen Sie in der Werkzeugleiste auf direktes Exportieren als PDF **A**.

2　Speichern Sie die Datei als PDF.

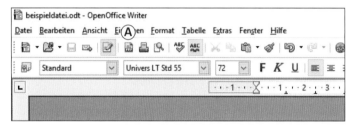

**PDF drucken**
Sie erstellen das PDF mit einem auf Ihrem Rechner installierten PDF-Druckertreiber. Dort haben Sie die Möglichkeit, PDF-Einstellungen auszuwählen und ggf. zu modifizieren.

**Making of ...**

1　Gehen Sie auf Menü *Datei > Drucken...*

2　Wählen Sie einen PDF-Druckertreiber. In unserem Beispiel *PDF24 PDF* **B**. Sie können den Treiber kostenlos von https://de.pdf24.org herunterladen.

3　Kontrollieren Sie die PDF-Einstellungen unter *Speicherprofile* **C**. Sie können dort auch neue PDF-Profile erstellen.

4　Speichern Sie die Datei als PDF **D**.

### 2.7.2 Microsoft Office

Auch in den Programmen von Microsoft Office gibt es mehrere Möglichkeiten zur PDF-Erstellung. Wir zeigen hier die PDF-Erstellung mit dem Adobe PDFMaker am Beispiel einer Word-Datei. PDFMaker ist eine Funktion von Acrobat, die mit vielen Programmen wie denen von Microsoft Office, AutoCAD und Lotus Notes zusammenarbeitet. Wenn Sie Acrobat auf Ihrem Rechner installieren, werden die PDFMaker-Steuerelemente im Arbeitsbereich bzw. der Werkzeugleiste der Ausgangsanwendung eingebettet.

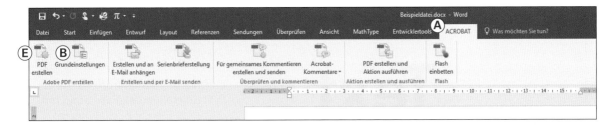

### Making of ...

1 Wählen Sie in der Werkzeugleiste den Reiter ACROBAT **A**.

2 Im Dialogfeld *Grundeinstellungen* **B** überprüfen Sie die PDFMaker-Einstellungen.

3 Im Kontextmenü *Konvertierungseinstellungen* **C** wählen Sie die für Ihren Workflow korrekte Joboption aus.

4 Bestätigen Sie die Einstellungen mit *OK* **D**.

5 Erstellen Sie das PDF **E** und speichern Sie die Datei.

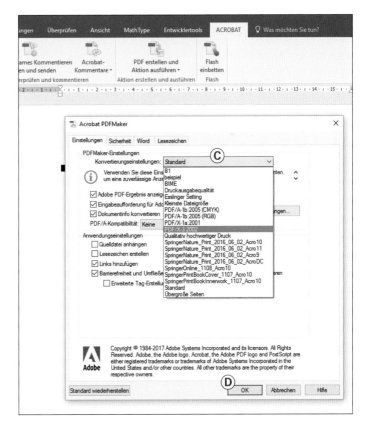

## 2.8 PDF in Scribus erstellen

Scribus ist ein weitverbreitetes freies Layoutprogramm und eine Alternative zu Adobe InDesign. Sie können es kostenlos von www.scribus.net herunterladen. Zur PDF-Erstellung in Scribus gibt es zwei Möglichkeiten.

### 2.8.1 PDF exportieren

Sie erstellen das PDF direkt mit den PDF-Einstellungen von Scribus.

**Making of...**

1 Gehen Sie in der Werkzeugleiste auf *Als PDF speichern* **A**.

2 Im Dialogfeld **B** überprüfen Sie die PDF-Einstellungen. Falls nötig modifizieren Sie die Einstellungen.

3 Bestätigen Sie die Einstellungen mit *Speichern* **C**. Die Scribus-Datei wird konvertiert und im selben Ordner mit demselben Dateinamen als PDF gespeichert.

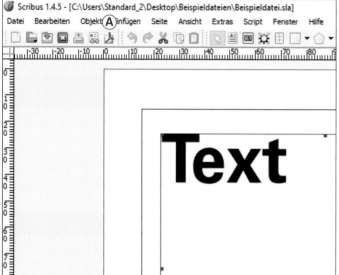

## 2.8.2 PDF drucken

Sie erstellen das PDF mit einem auf Ihrem Rechner installierten PDF-Druckertreiber, z. B. Adobe PDF. Dort haben Sie die Möglichkeit, PDF-Einstellungen auszuwählen und ggf. zu modifizieren.

**Making of ...**

1 Gehen Sie auf Menü *Datei > Drucken...*

2 Wählen Sie einen PDF-Druckertreiber, z. B. Adobe PDF **A**.

3 Kontrollieren Sie die PDF-Einstellungen unter *Optionen...* **B**. Sie können dort auch die PDF-Einstellung wechseln oder ggf. modifizieren.

4 Bestätigen Sie die Einstellungen mit *OK* **C**.

5 Drucken Sie das PDF **D** und speichern Sie die Datei.

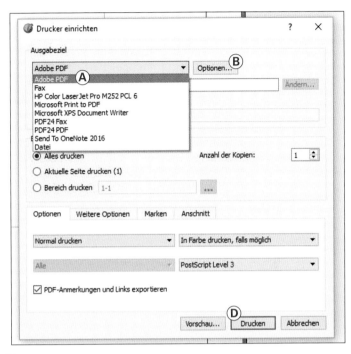

## 2.9 PDF auf Smartphone und Tablet erstellen

PDF ist auch auf mobilen Geräten wie Smartphones und Tablets, unabhängig vom Betriebssystem, ein wichtiger Standard für die Speicherung und den Austausch von Dokumenten. Die Erstellung eines PDF-Dokuments erfolgt meist als Export aus einer App. Wir zeigen aus der Vielfalt der Möglichkeiten die PDF-Erstellung aus zwei Apps unter iOS auf einem iPad. Auf Android-Geräten ist die Arbeitsweise bei der PDF-Erstellung vergleichbar einfach.

### 2.9.1 PDF in Notizen erstellen

*Notizen* ist eine App zur einfachen Erstellung und Verwaltung von Notizen auf iOS-Geräten. Die App ist als Standard auf allen Geräten vorinstalliert.

**Making of …**

Eine Notiz soll als PDF im *Acrobat Reader* gesichert werden.

1 Öffnen Sie die App.

2 Erstellen Sie eine neue Notiz **A** oder öffnen Sie eine gesicherte Notiz **B**.

3 Tippen Sie auf Exportieren **C**.

4 Tippen Sie auf *PDF erstellen* **D**.

5 Tippen Sie auf Exportieren **E** und wählen Sie *Nach Adobe Acrobat kopieren* **F**.

### 2.9.2 PDF in Pages erstellen

Pages ist eine App zur Erstellung und Verwaltung von Layoutdateien. Auf iOS-Geräten und in der iCloud auch unter Windows. Die App ist als Standard auf allen iOS-Geräten vorinstalliert.

**Making of …**

Ein Pages-Dokument soll als PDF im *Acrobat Reader* gesichert werden.

1   Öffnen Sie die App.

2   Erstellen Sie ein neues Dokument **A** oder öffnen Sie ein bestehendes Dokument **B**.

3   Tippen Sie auf *Mehr* **C** und dort auf *Exportieren* **D**.

4   Wählen Sie als Exportformat *PDF* **E**.

5   Senden Sie das Dokument an Adobe Acrobat **F**.

## 2.10 Barrierefreie PDF-Dokumente erstellen

PDF-Dokumente sind ein wichtiges Medium zum Austausch von Informationen. Auf jedem Computer, Smartphone und Tablet sind der Adobe Reader oder andere Lese-Software oder -Apps installiert. PDF wurde entwickelt, um plattformunabhängig das konsistente Erscheinungsbild eines Dokuments mit Layout, Schriften und Farben zu gewährleisten. Im Printworkflow ist dies auch heute der Schwerpunkt. Barrierefreie PDF-Dokumente müssen anderen Anforderungen genügen:

- Veränderbarkeit des Schriftbildes
- Veränderbarkeit der farblichen Darstellung von Text und Hintergrund
- Bedienung ausschließlich mit der Tastatur
- Erhaltung der Lesereihenfolge in linearen Medien
- Automatische Erkennung der Sprache, um die Sprachausgabe zu ermöglichen

### 2.10.1 PDF/UA

2012 wurde für barrierefreie, zugängliche PDF-Dokumente mit PDF/UA, Universal Accessibility, der ISO-Standard 14289-1 veröffentlicht. Der ISO-Standard 14289-1 soll für PDF-Dokumente das sein, was heute die WCAG 2.0 für Webangebote sind. PDF/UA wendet die WCAG-2.0-Konzepte, Web Content Accessibility Guidelines, auf PDF an und basiert auf dem ISO-Standard PDF 1.7 (ISO 32000-1). Die Norm gibt vor, in welcher Form Texte, Grafiken und Bilder, Multimedia-Elemente und Formularfelder in einem PDF vorhanden sein müssen, um die Barrierefreiheit des Dokuments zu erreichen. Ein zentraler Punkt ist dabei, dass die PDF-Datei getagged ist. Tags sind standardisierte Inhaltsmarkierungen in digitalen Dokumenten. Sie kennen Tags als Strukturelemente in HTML- oder XML-Dateien. PDF-Dokumente können Sie z. B. beim PDF-Export aus InDesign taggen **A**. Basis der automatisierten Tag-Erstellung sind die Formate Überschriften, Navigationselemente und Lesezeichen.

### 2.10.2 Barrierefreies PDF in Acrobat erstellen

Acrobat bietet mehrere Möglichkeiten, ein PDF-Dokument barrierefrei zu machen. Die wesentlichen Hilfsmittel sind die beiden Werkzeuge *Barrierefreiheit* und *Aktionsassistent.*

**Making of…**

Eine PDF/X-4-Datei soll barrierefrei gemacht werden. Das Werkzeug *Aktionsassistent* ermöglicht dies sehr komfortabel und einfach.

1 Öffnen Sie das Werkzeug *Aktionsassistent.*

2 Wählen Sie die Option *Barrierefrei machen* **B** aus der Aktionsliste auf der rechten Seite des Arbeitsfensters.

3 Starten Sie die Aktion mit *Anfang* **C**.

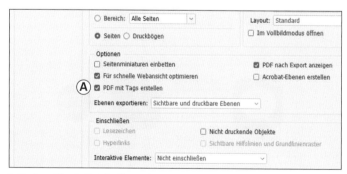

InDesign: Menü *Datei > Exportieren…*

4 Folgen Sie dem vorgegebenen Ablauf. Sie werden bei jedem Schritt aufgefordert, in Dialogfeldern die notwendigen Eingaben und Einstellungen zu machen.

5 Die Aktion endet mit einer automatisierten Barrierefreiheitsprüfung.

Das Ergebnis wird als Bericht **D** mit folgenden Statusmeldungen angezeigt:
- *Bestanden* **E**
  Das Element ist barrierefrei.
- *Von Benutzer übersprungen*
  Die Regel wurde nicht geprüft, da sie nicht im Dialogfeld Optionen für Barrierefreiheitsprüfung ausgewählt wurde.
- *Manuelle Prüfung erforderlich* **F**
  Die Funktion Vollständige Prüfung konnte das Element nicht automatisch prüfen. Überprüfen Sie das Element manuell.
- *Nicht bestanden*
  Das Element hat die Prüfung nicht bestanden.

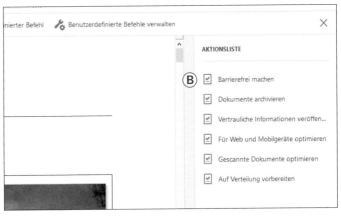

**Werkzeug Aktionsassistent – Aktionsliste**

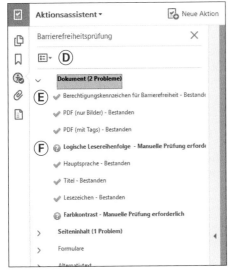

**Barrierefreiheitsprüfung – Statusmeldungen**

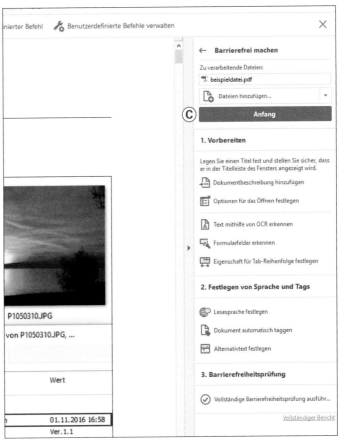

**Werkzeug Aktionsassistent – Aktion Barrierefrei machen**

## 2.11 Aufgaben

### 1 PDF-Joboption kennen

Erläutern Sie Funktion einer PDF-Joboption.

### 2 PDF-Joboption kennen

Nennen Sie drei Bereiche, die in einer
Joboption-Datei gespeichert sind.

1.

2.

3.

### 3 Bildtypen unterscheiden

Im Dialogfenster Adobe PDF-Einstellungen werden unterschieden:
a. Graustufenbilder,
b. Schwarzweißbilder.
Beschreiben Sie die beiden Bildtypen

a.

b.

### 4 Schriften in PDF-Dateien verwalten

Was bedeutet die Option „Alle Schriften
einbetten" in den Adobe PDF-Einstellungen?

### 5 PDF-Erstellung im Distiller kennen

Welches Dateiformat hat die Quelldatei
bei der PDF-Erstellung im Distiller?

### 6 PostScript-Datei erstellen

Beschreiben Sie die Erstellung einer
PostScript-Datei.

### 7 Papierformat im Distiller einstellen

Welches Papierformat sollte im Distiller
für PDF/X-3 eingestellt werden?

### 8 Überwachte Ordner einrichten

Welchen Vorteil bringt die Arbeit mit
überwachten Ordnern?

**9 PDF erstellen**

Beschreiben Sie die PDF-Erstellung in Adobe InDesign.

**10 Neues PDF erstellen**

Kann man mit Acrobat neue PDF-Dokumente erstellen?

**11 PDF erstellen**

Beschreiben Sie die PDF-Erstellung in Adobe Photoshop.

**12 PDF erstellen**

Beschreiben Sie die PDF-Erstellung in Adobe Illustrator.

**13 PDF erstellen**

Beschreiben Sie die PDF-Erstellung mit dem PDFMaker in Microsoft Office.

1.

2.

3.

4.

5.

**14 Barrierefreies PDF erstellen**

Nennen Sie vier Anforderungen an die Barrierefreiheit eines PDF-Dokuments.

1.

2.

3.

4.

**15 Barrierefreies PDF erstellen**

Mit welchen beiden Werkzeugen in Acrobat lässt sich ein PDF-Dokument barrierefrei machen?

a.

b.

## 3.1 Print-Preflight mit Adobe Acrobat

### 3.1.1 Begriffsbestimmung

Wikipedia definiert Preflight so: „Ein Preflight (engl. Vor-Flug-Kontrolle) ist im Druckwesen die softwareseitige Interpretation und Prüfung von Satz- und Bilddaten oder PDFs nach vordefinierten Regeln: eine Vor-PDF- oder Vor-Druck-Kontrolle. Standardprüfungen bei Satzdaten sind: Befinden sich alle Bilddaten im Zugriff? Sind erforderliche Schriften aktiviert? Analog bei PDF-Dateien: Sind die Farbräume korrekt zugewiesen? Sind Schriften oder Linien/Konturen vektorisiert oder verpixelt worden? Haben alle Bilddaten die erforderliche Auflösung? Sind (die richtigen) Sonderfarben im Dokument enthalten? Stimmt die Überfüllung (Trapping)?" (abgerufen am 15.11.2017)

### 3.1.2 Preflight und Parameter für den Druck – Druckproduktion

In einer komplexen Software wie Adobe Acrobat gibt es sehr viele Optionen zur Überprüfung, Bearbeitung und Ergänzung von PDF-Dateien. Alle vorzustellen würde alleine schon ein Buch füllen. Deshalb möchten wir hier nur exemplarisch einige grundlegenden Preflight-Funktionen und -Techniken zeigen.

Unter Menü *Anzeige > Werkzeuge > Druckproduktion* finden Sie die wichtigsten Einstellungen zur Kontrolle und ggf. Modifizierung Ihrer PDF-Datei für Printmedien.

**Druckproduktion – Ausgabevorschau**
Die Ausgabevorschau ist die erste von elf Optionen zur Überprüfung und Bearbeitung einer PDF-Datei. Mit der Ausgabevorschau haben Sie die Möglichkeit, das PDF visuell unter verschiedenen Gesichtspunkten zu überprüfen. Das

**Werkzeuge Druckproduktion**
Menü *Anzeige > Werkzeuge > Druckproduktion*

Dialogfenster der Ausgabevorschau ist dazu in drei Bereiche mit mehreren Parametern gegliedert: Simulieren, Anzeigen und Vorschau.

- *Simulationsprofil* **A**
  Das eingestellte Farbprofil simuliert in der Monitordarstellung den Druck.
- *Überdruck simulieren* **B**
  Durch Einschalten dieser Option können Sie überprüfen, ob in der ursprünglichen Datei Objekte mit der Eigenschaft Überdrucken versehen wurden. Überdrucken bedeutet, dass bei zwei übereinanderliegenden Objekten das untere bei der Belichtung nicht im überlappenden Bereich entfernt wird, sondern auf der entspre-

© Springer-Verlag GmbH Deutschland 2018
P. Bühler, P. Schlaich, D. Sinner, *PDF*, Bibliothek der Mediengestaltung,
https://doi.org/10.1007/978-3-662-54615-4_3

chenden Druckform druckt. Dadurch mischen sich die Farben nach der subtraktiven Farbmischung im Druck.

- *Papierfarbe simulieren* **C**
Die im Farbprofil definierte Papierfarbe wird in der Monitordarstellung si-

muliert. Ohne diese Option entspricht das Papierweiß dem Monitorweiß.
- *Schwarze Druckfarbe simulieren* **D**
Schwarz wird entsprechend dem im Farbprofil definierten Farbwert auf dem Monitor dargestellt. Wenn Sie

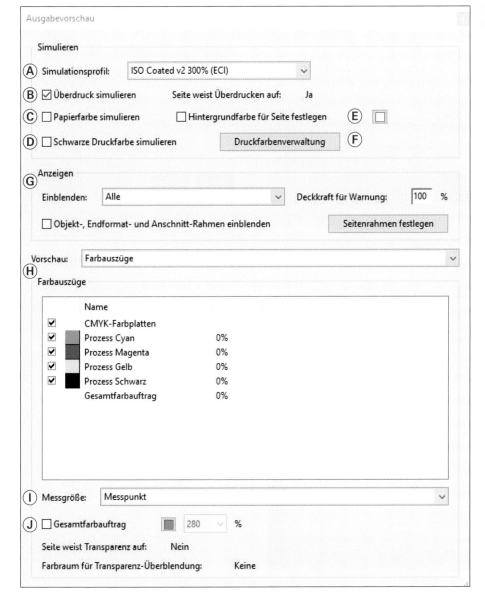

**Druckproduktion >
Ausgabevorschau**

diese Option deaktivieren, entspricht das Schwarz dem Monitorschwarz. Wenn Sie die *Papierfarbe simulieren*, dann wird automatisch auch die Option *Schwarze Druckfarbe simulieren* aktiviert.

- *Hintergrundfarbe für Seite festlegen* E
  Mit dieser Option können Sie eine Seitenfarbe festlegen. Eine sinnvolle Option, wenn z. B. auf farbiges Papier gedruckt wird.
- *Druckfarbenverwaltung* F
  Die Druckfarbenverwaltung ist auch eine eigene Option im Werkzeug Druckproduktion. Sie beinhaltet die in der Datei angelegten Druckfarben, CMYK und Sonderfarben.
- *Anzeigen* G
  Das Kontextmenü *Einblenden* ermöglicht es, die Monitordarstellung nach verschiedenen Aspekten zu filtern. Die Einstellung nach Farbprofilen, Farbmodi oder Seitenelementen zeigt die jeweils zugehörigen Objekte in der Monitoransicht an. Mit der zweiten Option des Bereichs *Anzeigen* können Sie die PDF-Rahmen/-Boxen einblenden und ggf. modifizieren.

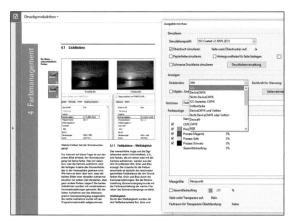

Ausgabevorschau > Anzeigen > Alle

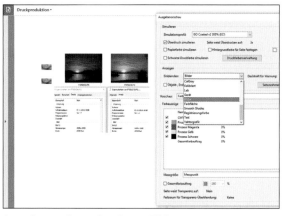

Ausgabevorschau > Anzeigen > Bilder

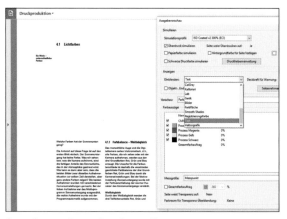

Ausgabevorschau > Anzeigen > Text

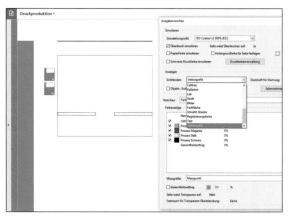

Ausgabevorschau > Anzeigen > Vektorgrafik

- *Vorschau* **H**
  Im Kontextmenü der Vorschau können Sie zwischen Farbauszüge, Farbwarnungen und Objektinspektor auswählen. Die Option Farbauszüge ermöglicht die Darstellung der Farbauszüge. Damit können Sie z.B. prüfen, ob schwarzer Text nur im Schwarzauszug oder separiert in allen Farbauszügen gedruckt wird. Farbwarnungen zeigen in der Darstellung mit farbigen Flächen Bereiche mit Überdrucken und Schwarzanteilen. Der Objektinspektor zeigt nach einem

Klick auf eine Stelle in der PDF-Vorschau Informationen über Farbe, Überdrucken, Maße und Auflösung.

- *Messgröße* **I**
  Der Cursor nimmt bei der Bewegung über die PDF-Vorschau Farbinformationen auf. Im Farbauszugsfenster werden die jeweiligen Farbanteile in Prozent angezeigt.

- *Gesamtfarbauftrag* **J**
  Farbige Flächen zeigen in der PDF-Vorschau die Bereiche, die über der voreingestellten Flächendeckung liegen.

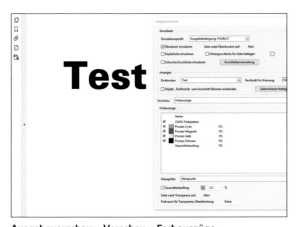

**Ausgabevorschau > Vorschau > Farbauszüge**

**Ausgabevorschau > Vorschau > Farbauszüge**

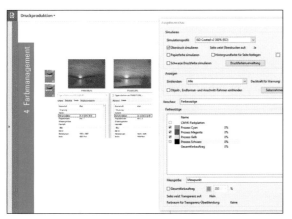

**Ausgabevorschau > Vorschau > Farbauszüge**

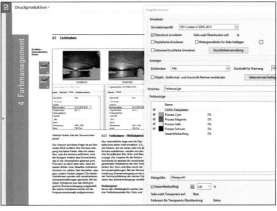

**Ausgabevorschau > Vorschau > Gesamtfarbauftrag**

**Druckproduktion – Preflight**

Mit der Option Preflight können Sie ein PDF auf Kompatibilität zu einem bestimmten PDF-Standard, z. B. PDF/X-3, überprüfen und ggf. konvertieren. Sie können auch gegebene Preflight-Profile entsprechend den Anforderungen Ihres PDF-Workflows modifizieren und neu benennen.

**Making of ...**

Eine PDF-Datei soll auf PDF/X-3-Konformität geprüft werden. Bei negativem Ergebnis soll die Datei nach PDF/X-3 konvertiert und abermals auf Einhaltung des Standards überprüft werden.

1 Öffnen Sie die PDF-Datei.

2 Wählen Sie im Werkzeug *Druckproduktion* die Option *Preflight*.

3 Wählen Sie das Profil *Konformität mit PDF/X-3 prüfen* **A**.

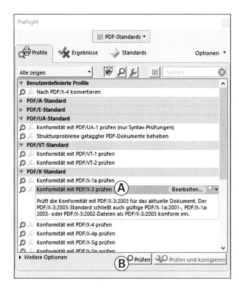

4 Starten Sie die Prüfung **B**.

Das Ergebnis der Prüfung ist in unserem Beispiel negativ.

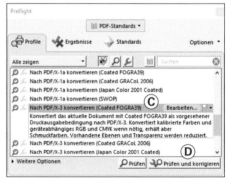

5 Wählen Sie das Profil *Nach PDF/X-3 konvertieren (FOGRA 39)* **C**.

6 Starten Sie die Konvertierung mit *Prüfen und korrigieren* **D**.

Sie werden von Acrobat aufgefordert, die Datei neu zu speichern.

7 Ergänzen Sie den Dateinamen z. B. mit dem Zusatz „-x3".

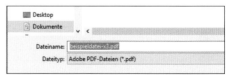

Das Ergebnis der Prüfung und Konvertierung ist positiv.

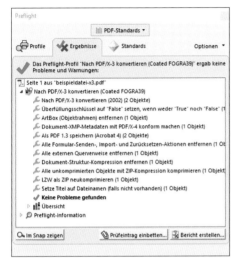

Zur abschließenden Kontrolle prüfen Sie die Datei noch einmal auf Konformität mit PDF/X-3.

8   Wählen Sie das Profil Konformität mit PDF/X-3 prüfen **A**.

9   Starten Sie die Prüfung **B**.

**Druckproduktion – Objekt bearbeiten**
Mit der Anwahl dieser Option werden die Objekte auf der Seite bearbeitbar. Sie können verschoben und Texte editiert werden. Für eine umfangreichere

Bearbeitung wählen Sie das Werkzeug *PDF-Datei bearbeiten*.

**Druckproduktion – Farben konvertieren**
Mit der Option *Farben konvertieren* können alle Farben im PDF oder alle Farben, die für bestimmte Objekttypen festgelegt wurden, in den Zielfarbraum konvertiert werden.

**Making of …**

Das PDF der Beispieldatei wurde aus Microsoft Word mit der Standardeinstellung als PDF gespeichert. Wie Sie in der Ausgabevorschau sehen, wurde der schwarze Text, hier das Wort „Test", bei der PDF-Erstellung in CMYK konvertiert. Im Druck soll der Text aber nur mit Schwarz gedruckt werden. Konvertieren Sie dazu den Text.

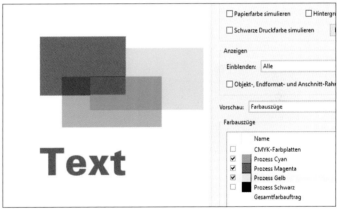

**Ausgabevorschau > Anzeigen > Farbauszüge**
Zur visuellen Überprüfung des Farbaufbaus sind nur die drei Buntfarben Cyan, Magenta und Gelb in der Vorschau eingeblendet. Das Ergebnis ist eindeutig: Die Schrift ist vierfarbig aufgebaut.

1   Wählen Sie im Werkzeug *Druckproduktion* die Option *Farben konvertieren.*

43

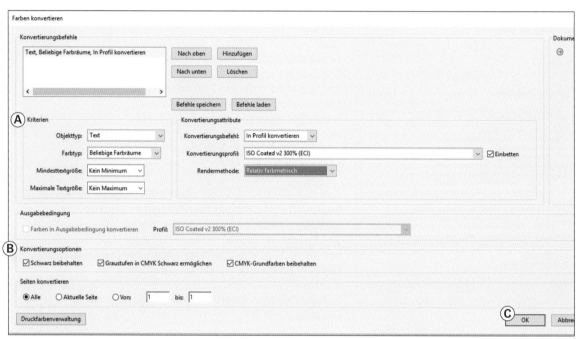

**Farben konvertieren**

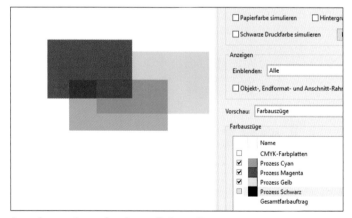

**Ausgabevorschau > Anzeigen > Farbauszüge**

Nach der Konvertierung ist der Text nur noch im Schwarzauszug. Die Grafik ist unverändert.

2 Stellen Sie folgende Kriterien **A** ein:
- Objekttyp: Text
- Konvertierungsbefehl: In Profil konvertieren
- Konvertierungsprofil: Ihr Farbprofil, Profil einbetten
- Rendermethode: Relativ farbmetrisch

3 Stellen Sie die Konvertierungsoptionen **B** ein:
- Schwarz beibehalten
- Graustufen in CMYK Schwarz ermöglichen
- CMYK-Grundfarben beibehalten

4 Starten Sie die Konvertierung mit *OK*. **C** Beachten Sie, dass die Konvertierung nicht rückgängig gemacht werden kann.

## Druckproduktion – Reduzieren-Vorschau

Mit dieser Option können Sie Transparenzen und Verläufe rendern sowie Konturen und Schriften in Pfade umwandeln. Eine nützliche Funktion, wenn das Ausgabegerät nicht in der Lage ist, diese Berechnungen z. B. im Raster Image Processor durchzuführen.

## Making of …

Die transparente Schrift in der oberen Hälfte der Altona-Testform (www.eci. org) soll reduziert werden. Die Schrift im unteren Teil der Testform wurde schon im Quellprogramm reduziert.

1 Wählen Sie im Werkzeug *Druckproduktion* die Option *Reduzieren-Vorschau.*

2 Machen Sie folgende *Vorschau-Einstellungen* **A**:
- *Hervorheben >Transparente Objekte*, die transparente Schrift wird farbig markiert.
- Belassen Sie die übrigen Einstellungen.

3 Starten Sie die Reduzierung mit *Anwenden* **B**. Beachten Sie, dass die Reduzierung nicht rückgängig gemacht werden kann.

**Testform**
Altona Test Suite 2.0

**Reduzieren-Vorschau**

**Druckproduktion – Als PDF/X speichern**

Mit dieser Option können Sie eine ge-
öffnete PDF-Datei direkt als PDF/X-Datei
speichern.

**Making of …**

Eine PDF-Datei soll direkt als PDF/X-3-
Datei gespeichert werden.

1 Wählen Sie im Werkzeug *Druckproduktion* die Option *Als PDF/X
speichern.*

2 Öffnen Sie das Dialogfenster mit
*Einstellungen...* **A**

3 Wählen Sie die Option *Als PDF/X-3
speichern* **B**.

4 Bestätigen Sie die Einstellung mit
*OK* **C** und *Speichern* **D** die Datei.

**Als PDF/X speichern**

**Druckproduktion – Seitenrahmen
festlegen**

Im Dialogfenster *Seitenrahmen fest-
legen* können Sie die Maße und
Positionen der vier Rahmen (Boxen)
modifizieren und so das Format des
Dokuments verändern. Im Kapitel 1
*PDF-Grundlagen* sind auf Seite 6 die
PDF-Rahmen näher beschrieben.

**Druckproduktion – Druckermarken
hinzufügen**

Schneidemarken, Passkreuze usw. können Sie hier auswählen und auch einzelnen Seiten zur Ausgabe zuordnen.
Eine Option, die nur bei einer direkten
Druckausgabe sinnvoll ist. Ansonsten
werden diese Marken im Ausschießpro-
gramm gesetzt.

**Druckproduktion – Haarlinien korrigie-
ren**

Es gibt immer noch Programme, in
denen Sie die dünnsten Linien nicht mit
einem Zahlenwert, sondern mit der Be-
zeichnung „Haarlinie" definieren. Eine
Haarlinie ist definiert als die dünnste
auf einem Ausgabegerät technisch
mögliche Linie. Dies mag auf einem
Laserdrucker oder einem Tintenstrahl-
drucker noch gut aussehen, ein hochauflösender Belichter produziert aber
eine so hochfeine Linie, die man kaum
mehr sehen würde und die im weiteren
Prozess nicht mehr stabil verarbeitbar
wäre. Definieren Sie deshalb Linien
immer numerisch.

**Druckproduktion – Druckfarbenverwal-
tung**

Die Druckfarbenverwaltung kennen Sie
schon aus der Ausgabevorschau. Mit
der Druckfarbenverwaltung können Sie
die für die Ausgabe zu verwendenden
Druckfarben festgelegen. Unsere
Beispieldatei enthält außer den vier

Skalenfarben Cyan, Magenta, Gelb und Schwarz noch eine Sonderfarbe HKS 15 N. Sie entscheiden, ob die Sonderfarbe als Volltonfarbe zusätzlich gedruckt wird oder ob sie in CMYK separiert wird. In der Druckfarbenverwaltung von Acrobat nehmen Sie die entsprechenden Einstellungen vor.

**Making of …**

Die Volltonfarbe HKS15 N soll vor dem Druck in CMYK separiert werden.

1 Wählen Sie im Werkzeug *Druckproduktion* die Option *Ausgabevorschau > Vorschau > Farbauszüge*.

2 Überprüfen Sie, welche Seitenelemente der PDF-Datei eine Sonderfarbe haben. Blenden Sie dazu in der *Ausgabevorschau > Vorschau > Farbauszüge* die Ansicht einzelner Farbauszüge aus. Bewegen Sie den Cursor über die Vorschau. Im Dialogfenster werden die jeweiligen Farbanteile angezeigt **B**.

3 Wählen Sie im Werkzeug *Druckproduktion* die Option *Druckfarbenverwaltung*. Die Sonderfarbe wird als eigene Druckfarbe angezeigt **C**.

4 Klicken Sie zur Separation der Sonderfarbe nach CMYK auf das Sonderfarbensymbol **C**.

5 Überprüfen Sie das Ergebnis in der Ausgabevorschau. Bewegen Sie den Cursor in der Vorschau über die Farbfläche **A**. Im Dialogfenster werden die CMYK-Farbanteile angezeigt **D**.

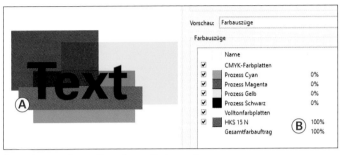

**Ausgabevorschau > Vorschau > Farbauszüge**

Die rote Farbfläche **A** hat die Sonderfarbe HKS15 N. In der Vorschau werden die Farbanteile angezeigt **B**.

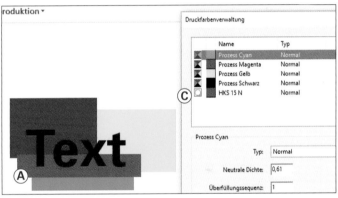

**Druckfarbenverwaltung**

Die rote Farbfläche **A** hat die Sonderfarbe HKS15 N. In der Druckfarbenverwaltung wird die Farbe als eigene Druckfarbe angezeigt **C**.

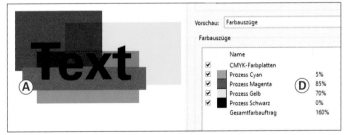

**Ausgabevorschau > Vorschau > Farbauszüge**

Die Sonderfarbe HKS15 N der Farbfläche **A** ist nach CMYK separiert. In der Vorschau werden die CMYK-Farbanteile angezeigt **D**.

### Druckproduktion – Überfüllungsvorgaben

Die Prozessfarben eines Bildes werden in den konventionellen Druckverfahren, wie Offset- oder Tiefdruck, von einzelnen Druckformen nacheinander auf den Bedruckstoff übertragen. Schon geringe Passerdifferenzen führen dazu, dass zwischen den farbigen Flächen der Bedruckstoff zu sehen ist. Nebeneinanderliegende Farbflächen müssen deshalb überfüllt sein, damit diese sogenannten Blitzer nicht entstehen. Dazu werden die Flächen an der Grenzkante etwas vergrößert. In der medienneutralen Produktion macht es Sinn, erst direkt vor der Ausgabe für einen bestimmten Druckprozess die Überfüllungen im PDF bzw. bei der Einstellung der RIP-Software anzulegen.

Die Überfüllungsoption *Neutrale Dichte* **A** analysiert die Farbdichte der einzelnen Druckfarben und überfüllt nach der Regel „hell unter dunkel", d. h., die Farbfläche mit der höheren Dichte wird von der angrenzenden Farbfläche mit der geringeren Dichte überfüllt.

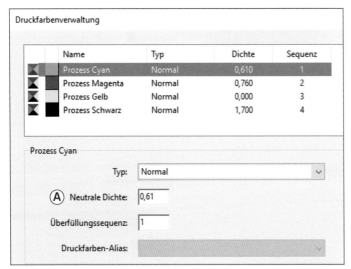

Druckfarbenverwaltung

Überfüllungsvorgaben

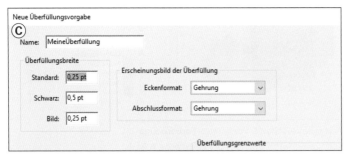

Überfüllungsvorgaben > Neue Überfüllungsvorgaben

### Making of …

Eine PDF-Datei soll direkt als PDF/X-3-Datei gespeichert werden.

1 Wählen Sie im Werkzeug *Druckproduktion* die Option *Überfüllungsvorgaben.*

2 Öffnen Sie das Dialogfenster mit *Erstellen* **B**.

3 Benennen Sie die neue Überfüllungsvorgabe **C**. Die Voreinstellungen belassen Sie.

4 Weisen Sie die Überfüllungsvorgaben der PDF-Datei zu **D**.

48

# 3.2 Print-Preflight mit PitStop Pro

Adobe Acrobat ist das Standardprogramm für den PDF-Workflow. Zur speziellen und erweiterten Bearbeitung von PDF-Dateien gibt es eine Reihe weiterer Programme und Online-Tools. Ein wichtiger Anbieter ist die Firma Enfocus, www.enfocus.com. Enfocus ist ein Geschäftsbereich der belgischen Firma Esko, www.esko.com. Die Firma Impressed, www.impressed.de, ist exklusiver Distributor der Enfocus-Lösungen in D/A/CH.

Enfocus bietet verschiedene Produkte für einen standardisierten und automatisierten PDF-Workflow. PitStop Pro ist ein Plug-in für Adobe Acrobat. PitStop Pro gibt es als Arbeitsplatz- und als Serverversion. Die drei Arbeitsbereiche von PitStop Pro sind:

- PDF-Dokumente überprüfen (Preflight),
- PDF-Dokumente bearbeiten,
- PDF-Dokumente korrigieren.

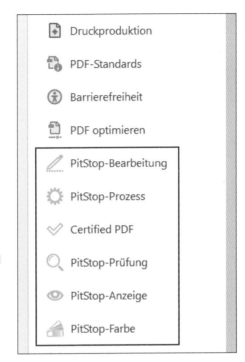

**Werkzeuge Acrobat-Plug-in PitStop Pro**
Menü *Bearbeiten > Werkzeuge verwalten*

## 3.2.1 Preflight-Profile

Wie in der Druckproduktion von Acrobat können Sie auch in PitStop Pro ein Preflight mit definierten Prüfprofilen durchführen. Natürlich ist es auch hier möglich, eigene Profile zu erstellen oder gegebene Profile zu modifizieren.

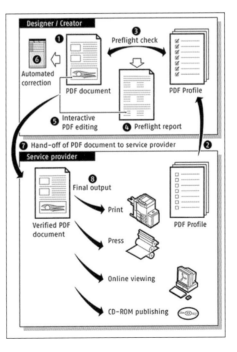

**Preflight-Workflow mit PitStop Pro**

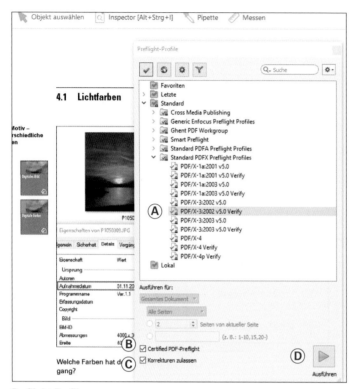

**Preflight-Profile**

Vor der Preflight-Prüfung können Sie im Dialogfenster einstellen, ob die Datei bei der Prüfung automatisch korrigiert wird und ob die Datei zertifiziert wird. Bei der Prüfung PitStop Pro Certified Preflight werden das Preflight-Profil und das Preflight-Ergebnis in die PDF-Datei eingebettet.

**Making of …**

Eine PDF-Datei soll auf PDF/X-3-Konformität geprüft werden. Korrekturen sind zugelassen und das Zertifikat soll eingebettet werden.

1   Öffnen Sie unter Menü *PitStop Pro > Preflight* das Einstellungsfenster Preflight-Profile.

2   Wählen Sie das Prüfprofil **A**.

3   Markieren Sie die Einstellungen *Certified PDF-Preflight* **B** und *Korrekturen zulassen* **C**.

4   Starten Sie den Prozess mit *Ausführen* **D**. Das Ergebnis der Prüfung wird im Enfocus Navigator angezeigt.

5   Gehen Sie auf Kontextmenü *Aktionen > Bericht anzeigen* **E**, damit ein Ergebnisbericht **F** als PDF-Dokument erstellt wird.

**Enfocus Navigator – Bestätigung der erfolgreichen Prüfung**

**Bericht der Prüfungsergebnisse**

## 3.2.2 Enfocus Inspector

Seitenelemente überprüfen Sie mit
dem Enfocus Inspector. Folgende Prüf-
bereiche ermöglichen eine detaillierte
Überprüfung und Bearbeitung:
- Füllung und Rand
- Text
- Bild
- Transparenz
- Druckvorstufe
- Farbseparation - Lack
- Position
- Zusammenfassung

**Making of ...**

Der Text soll anhand der Überschrift
„Lichtfarben" überprüft werden.
Kriterien sind der Zeichensatz und der
Farbaufbau der Schrift.

1 Öffnen Sie das Werkzeug *PitStop-
Prüfung*.

2 Wählen Sie die Textzeile mit *Objekt
auswählen* **A** aus.

3 Öffnen Sie den *Inspector* **B**.

4 Mit der Option *Text* **C** überprüfen
Sie den Zeichensatz der ausgewählten Textzeile.

5 Mit der Option *Füllung und Rand* **D**
überprüfen Sie den Farbaufbau.

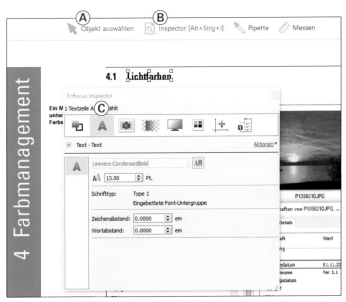

Enfocus Inspector – Text

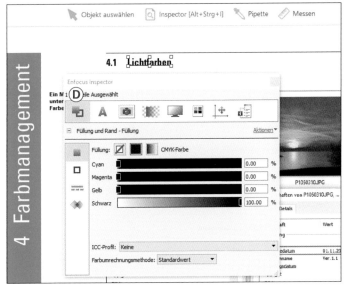

Enfocus Inspector – Füllung und Rand

## 3.3 Print-Preflight mit dem PDFX-ready Connector

Der *PDFX-ready Connector* ist eine Anwendung, um online einen PDF-Preflight durchzuführen. Es gibt vier Varianten des PDFX-ready Connectors: eine FREEWARE-Version und drei PREMIUM-Versionen nur für Mitglieder von PDFX-ready. Mit den PREMIUM-Versionen können größere PDF-Dateien hochgeladen werden. Außerdem gibt es mehr Optionen als in der FREE-WARE-Version. Die FREEWARE-Version ist unbegrenzt gültig und kann hier angefordert werden: online-tools.ch/de/freeware.

Der Verein „PDFX-ready" wurde 2005 in Zürich gegründet. Im Zentrum der Initiative steht das Qualitätszertifikat „PDFX-ready" für einen sicheren und effizienten PDFX-Workflow. Die Ugra, Schweizer Kompetenzzentrum für Medien- und Druckereitechnologie, fungiert dabei als unabhängige Zertifizierungstelle. Die Ugra ist das Partnerinstitut der deutschen Fogra.

**PDFX-ready Connector**

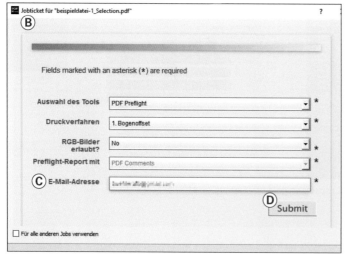

**Jobticket**

**Making of…**

Eine PDF-Datei soll auf PDF/X-Konformität geprüft werden.

1 Öffnen Sie den PDFX-ready Connector.

2 Ziehen Sie die PDF-Datei in das Fenster des Connectors **A**.

3 Es wird automatisch eine Verbindung zum Server aufgebaut und das Jobticket **B** eingeblendet.

4 Machen Sie Ihre Einstellungen und geben Sie Ihre E-Mail-Adresse **C** ein.

5 Bestätigen Sie die Eingaben mit *Submit* **D**. Der Preflight-Bericht wird an diese E-Mail-Adresse verschickt.

## PDFX-ready Online Tools

# PDF Preflight

**Prüfung der PDF-Datei mit den PDFX-ready-Profilen durchgeführt mit dem Callas pdfToolbox Server**

Die PDF-Datei wurde mit einem der zehn Preflight-Prüfprofile von PDFX-ready auf **PDF/X-Konformität** und die **PDF/X-Plus-Regeln** von **PDFX-ready** sowie der **Ghent Workgroup** (www.gwg.org) geprüft.

Die Meldungen im folgenden Preflight-Bericht haben folgende Bedeutung:

- ✖ = **Fehler** weisen auf schwerwiegende Probleme hin. Die Fehlerursache sollte wenn immer möglich im Layout behoben werden. Falls ein Fehler nicht behoben werden kann, sollte eine entsprechende Information/Erklärung beim Weiterleiten der Datei beigefügt werden.
- ⚠ = **Warnungen** weisen auf mögliche Probleme hin, die nicht in jedem Fall problematisch sind. Der Erzeuger muss entscheiden, ob ein wirkliches Problem vorliegt. (z.B. nicht überdruckender schwarzer Text ist kein Problem, solange er nicht auf einem farbigen Hintergrund steht.)
- ℹ = **Infos** stellen kein Problem dar, sondern geben nur zusätzliche Hinweise über die Datei (z.B. Auflösung zu hoch, eingebettete Ausgabebedingung).

Im Falle von Fehlern und Warnungen enthält der Bericht auch die PDF-Seiten mit Details als Kommentare (oder Ebenen resp. Masken; nur für PREMIUM-Anwender).

### Links zu weiteren Informationen und Einstellungen

- PDFX-ready Online Tools Homepage
- PDFX-ready Homepage

---

### 🗎 Dokumenteigenschaften
- PDF Version: **1.5**
- Dateigrösse (kB): **831.14**
- Titel: **Unknown**
- Anwendung: **TouchUp 7.0**
- Erstellt mit: **TouchUp 7.0**
- Erstellungsdatum: **Thu Nov 23 2017 15:56:52 GMT+0100 (W. Europe Standard Time)**
- Änderungsdatum: **Thu Nov 23 2017 15:57:41 GMT+0100 (W. Europe Standard Time)**

### ℹ Preflight-Information
- Prüfprofil: **! PDFX-ready Bogenoffset CMYK V2.5 (PDF/X-4)**
- Verarbeitet von: **PDFX-ready Online Tools**
- Verarbeitungsdatum: **2017-11-23**

### 🏠 Umgebung
- pdfToolbox: **9.2 (425)**
- Betriebssystem: **Microsoft Windows Server 2008 R2 Datacenter Service Pack 1 (Build 7601)**

---

## PDFX-ready Online Tools　⚙ Report erzeugt mit pdfToolbox Server

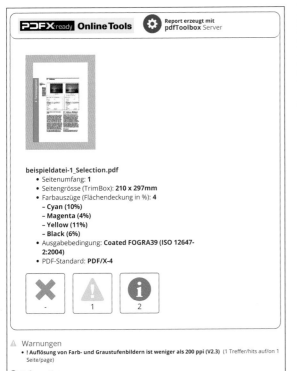

**beispieldatei-1_Selection.pdf**
- Seitenumfang: **1**
- Seitengrösse (TrimBox): **210 x 297mm**
- Farbauszüge (Flächendeckung in %): **4**
  - **Cyan (10%)**
  - **Magenta (4%)**
  - **Yellow (11%)**
  - **Black (6%)**
- Ausgabebedingung: **Coated FOGRA39 (ISO 12647-2:2004)**
- PDF-Standard: **PDF/X-4**

| ✖ | ⚠ | ℹ |
|---|---|---|
| - | 1 | 2 |

⚠ **Warnungen**
- **! Auflösung von Farb- und Graustufenbildern ist weniger als 200 ppi (V2.3)** (1 Treffer/hits auf/on 1 Seite/page)

ℹ **Informationen**
- **! TrimBox ist gleich gross wie MediaBox (V2.3)** (1 Treffer/hits auf/on 1 Seite/page)
- **! Ausgabebedingung ist für Bogenoffsetdruck (ICC-Profil von Adobe)** (1 Treffer/hits)

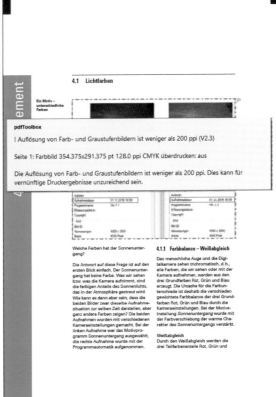

**Preflight-Bericht**

## 3.4 Barrierefreiheit prüfen

Die Prüfung von PDF-Dokumenten auf Barrierefreiheit unterscheidet sich wesentlich vom Print-Preflight. Beim Print-Preflight definieren die technischen Parameter und deren Kompatibilität mit dem jeweiligen Druckprozess die Anforderungen. Die Barrierefreiheitsprüfung orientiert sich an den Standards der Barrierefreiheit wie z.B. PDF/UA, Universal Accessibility, und WCAG 2.0, Web Content Accessibility Guidelines.

### 3.4.1 Barrierefreiheit in Acrobat prüfen

In Acrobat prüfen Sie die Barrierefreiheit eines PDF-Dokuments mit dem Werkzeug *Barrierefreiheit*.

**Making of …**

Eine PDF-Datei soll auf Barrierefreiheit geprüft werden.

1 Öffnen Sie das Werkzeug Barrierefreiheit.

2 Führen Sie eine vollständige Prüfung **A** durch.

3 Wählen Sie die Optionen **B**, die geprüft werden müssen.

Optionen für Barrierefreiheitsprüfung

4 Starten Sie die Prüfung **C**.

**Werkzeug Barrierefreiheit – Bearbeitungsoptionen**

**Werkzeug Barrierefreiheit – Barrierefreiheitsbericht**

Das Ergebnis wird als Bericht **D** mit folgenden Statusmeldungen angezeigt:

- *Bestanden* **E**
  Das Element ist barrierefrei.
- *Von Benutzer übersprungen*
  Die Regel wurde nicht geprüft, da sie nicht im Dialogfeld Optionen für Barrierefreiheitsprüfung ausgewählt wurde.
- *Manuelle Püfung erforderlich*
  Die Funktion Vollständige Prüfung konnte das Element nicht automatisch prüfen. Überprüfen Sie das Element manuell.
- *Nicht bestanden*
  Das Element hat die Prüfung nicht bestanden.

## 3.4.2 PAC 2 – PDF Accessibility Checker

PAC 2.0 ist der weltweit erste PDF/UA-Validator. Mit PAC 2.0 lassen sich PDF-Dokumente auf Barrierefreiheit gemäß ISO-Standard 14289-1:2012-

07 – bekannt als PDF/UA (Universal Accessibility) – überprüfen. Sie können ihn kostenlos von der Website der schweizerischen Stiftung „Zugang für alle" unter www.access-for-all.ch/ch/pdf-werkstatt/pdf-accessibility-checker-pac.html herunterladen.

**Making of…**

Eine PDF-Datei soll auf Barrierefreiheit geprüft werden.

1 Öffnen Sie PAC 2 – PDF Accessibility Checker.

2 Laden Sie die PDF-Datei **F**.

3 Starten Sie die Prüfung **G**. Das Ergebnis wird im Report **H** angezeigt.

4 Erweitern Sie die Auswertung durch die Tools **I**.

**PAC 2 – PDF Accessibility Checker**

mit Screenreader-Vorschau

## 3.5 Aufgaben

### 1 Preflight erläutern

Was versteht man unter Preflight?

### 2 Druckproduktion-Ausgabevorschauoptionen erläutern

Erläutern Sie die beiden Optionen der Druckproduktion-Ausgabevorschau in Acrobat:
a. Simulationsprofil
b. Überdruck simulieren

*a.*

*b.*

### 3 Überdrucken einstellen

Erklären Sie den Begriff Überdrucken.

### 4 Druckfarbenverwaltung erläutern

Welche Informationen und Bearbeitungsmöglichkeiten bietet die Option Druckfarbenverwaltung?

### 5 Sonderfarben konvertieren

Ist es in Acrobat möglich, in der PDF-Datei vorhandene Sonderfarben nach CMYK zu konvertieren?

### 6 Überfüllen einstellen

Kann man in Acrobat Objekte überfüllen?

### 7 Überfüllen erläutern

a. Begründen Sie die Notwendigkeit des Überfüllens.
b. Erklären Sie die Bedeutung des Begriffs „Neutrale Dichte" im Zusammenhang mit Überfüllen.

*a.*

b.

2.

3.

## 8 Haarlinien korrigieren

a. Was sind Haarlinien?
b. Warum müssen Haarlinien in Acrobat korrigiert werden?

a.

4.

b.

## 11 PDF/X-3-Vorgaben benennen

Nennen Sie vier PDF/X-3-Vorgaben, die erfüllt sein müssen, damit aus einer „gewöhnlichen" PDF-Datei eine PDF/X-3-Datei wird.

1.

2.

## 9 PDF/X-Konformität

Erläutern Sie den Begriff PDF/X-3-Konformität.

3.

4.

## 10 Barrierefreiheit prüfen

Erläutern Sie die Bedeutung der vier Statusmeldungen im Barrierefreiheitsprüfbericht von Acrobat.

1.

57

## 4.1 Text bearbeiten

Sie haben den Preflight einer PDF-Datei positiv abgeschlossen. Bei einer visuellen Überprüfung zeigen sich Fehler im Satz. Eine Möglichkeit wäre die Korrektur in der Ursprungsdatei, sofern Sie darauf Zugriff haben, und anschließend eine erneute PDF-Erstellung. Einfacher ist es, den Text im PDF zu bearbeiten.

### Aufgabenstellung
Der Satzfehler **A** und die falsche Position der Textzeilen **B** sollen korrigiert werden.

### 4.1.1 Text mit Acrobat bearbeiten

**Making of ...**

1 Gehen Sie auf Menü *Anzeige > Werkzeuge > PDF-Datei bearbeiten*. Die bearbeitbaren Elemente werden durch Rahmen angezeigt.

2 Klicken Sie auf den zu bearbeitenden Text. Die Textwerkzeuge werden automatisch aktiviert.

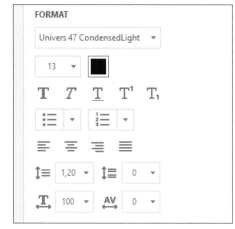

Textwerkzeuge

3 Um den Text zu editieren, geben Sie den Text ein. In unserem Beispiel das fehlende „r" **A** im Wort „Lichtfarben".

4 Im nächsten Schritt wählen Sie die drei Textzeilen **B** aus. Ziehen Sie dazu den Cursor mit gedrückter Maustaste über die drei Textrahmen.

5 Blenden Sie mit Menü *Anzeige > Ein-/Ausblenden > Lineale und Raster > Lineale* ein. Ziehen Sie aus dem horizontalen Lineal eine Hilfslinie auf die Seite.

6 Bewegen Sie den Cursor auf die ausgewählten Textrahmen. Der Cursor nimmt die Form *Verschieben* (Kreuz) an. Verschieben Sie die Textrahmen an die korrekte Position.

7 Speichern Sie die Datei.

© Springer-Verlag GmbH Deutschland 2018
P. Bühler, P. Schlaich, D. Sinner, *PDF*, Bibliothek der Mediengestaltung, https://doi.org/10.1007/978-3-662-54615-4_4

## 4.1.2 Text mit PitStop bearbeiten

**Making of…**

1 Wählen Sie das Werkzeug *PitStop-Bearbeitung*.

2 Den Satzfehler in der Überschrift korrigieren Sie mit *Textzeile bearbeiten* **A**. Nach Anwahl der Option wird der *Enfocus Inspector* für die Textzeile eingeblendet.

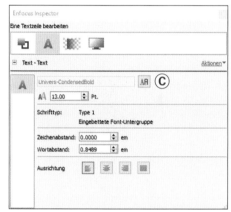

**Enfocus Inspector – Text**

3 Laden Sie den Font **C**.

4 Setzen Sie den Cursor an die zu korrigierende Textstelle.

5 Geben Sie das fehlende „r" im Wort „Lichtfarben" ein.

6 Wählen Sie die drei Textzeilen (**B** in der Aufgabenstellung auf der linken Seite) mit *Objekt auswählen* **D** aus.

7 Wählen Sie die Option *Verschieben* **E** und verschieben Sie die drei Textzeilen an die korrekte Position.

8 Speichern Sie die Datei.

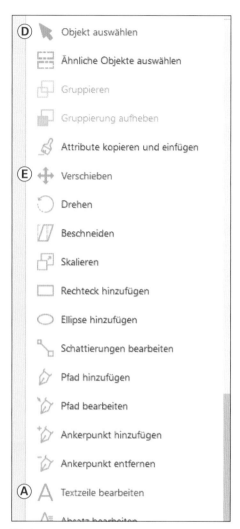

**Werkzeuge**

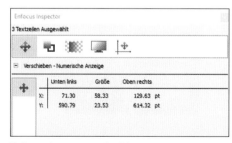

**Enfocus Inspector – Position**

59

## 4.2 Bild bearbeiten

Sie haben den Preflight einer PDF-Datei positiv abgeschlossen. Bei einer visuellen Überprüfung zeigt sich Korrekturbedarf bei den Bildern. Im PDF können Sie einige Korrekturen durchführen. Bildkorrekturen wie Retusche müssen Sie aber in einem Bildbearbeitungsprogramm z. B. Photoshop machen.

### 4.2.1 Bild mit Acrobat bearbeiten

In Acrobat können Sie Korrekturen, die die Bildgeometrie betreffen, direkt ausführen. Auch das Ersetzen einer Bilddatei ist in Acrobat direkt möglich. Alle weiteren Bearbeitungen führen Sie im Bildbearbeitungsprogramm durch. Sie brauchen dazu nicht die Ursprungsdatei, sondern können das Bild direkt aus Acrobat im Bildbearbeitungsprogramm öffnen. Nach dem Speichern in Photoshop wird das Bild in der PDF-Datei automatisch ersetzt.

**Making of ...**

1 Gehen Sie auf Menü *Anzeige > Werkzeuge > PDF-Datei bearbeiten*. Die bearbeitbaren Elemente werden durch Rahmen angezeigt.

2 Wählen Sie das Bild **A** mit der linken Maustaste aus.

3 Öffnen Sie mit der rechten Maustaste das *Kontextmenü* **B**. Alternativ wählen Sie die Bearbeitungsoption der Objekte-Werkzeuge **C**.

4 Wählen Sie die Bearbeitungsoption und führen Sie die Korrektur aus.

5 Speichern Sie die Datei.

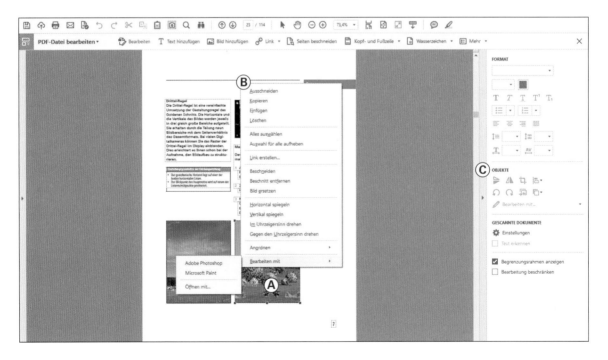

### 4.2.2 Bild mit PitStop bearbeiten

In PitStop können Sie Korrekturen, die die Bildgeometrie betreffen, direkt ausführen. Nutzen Sie dazu die Werkzeuge **A**. Weitere Bildbearbeitungsoptionen bietet der Bearbeitungsbereich *Bild* des *Enfocus Inspectors* **B**:

- Eigenschaften
- Kurvenbearbeitung (Gradationskurve)
- Auflösung bearbeiten
- Komprimieren
- Helligkeit und Kontrast
- Mit „unscharf maskieren" schärfen

Alle weiteren Bearbeitungen führen Sie im Bildbearbeitungsprogramm durch. Sie brauchen dazu die Ursprungsdatei, da Sie das Bild nicht direkt aus PitStop im Bildbearbeitungsprogramm öffnen können.

### Making of …

Das Bild soll durch Gradationskorrektur heller werden.

1 Gehen Sie auf Menü *Anzeige > Werkzeuge > PitStop-Bearbeitung*.

2 Wählen Sie das Bild **C** mit *Objekt auswählen* **D** aus. Der Enfocus Inspector wird automatisch eingeblendet.

3 Wählen Sie die Option *Kurvenbearbeitung* aus.

4 Führen Sie die Korrektur durch.

5 Bestätigen Sie die Korrektur mit *Übernehmen* **E**.

6 Speichern Sie die Datei.

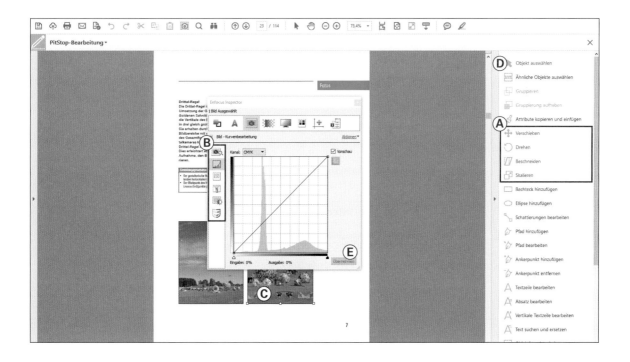

## 4.3    Farbmanagement

### 4.3.1    Farbeinstellungen in Bridge

Acrobat ist Teil des Farbmanagements der Adobe Creative Cloud. Adobe Bridge dient in der Adobe Creative Cloud als Steuerzentrale und Bindeglied der verschiedenen Programme wie Photoshop, Illustrator, InDesign und Acrobat. Sie können in Bridge die Farbverwaltung für alle CC-Programme festlegen und synchronisieren.

**Farbeinstellungen definieren und abspeichern**
Die Definition der Farbeinstellungen können Sie nicht direkt in Bridge vornehmen, sondern in Photoshop. Dort wählen Sie im Dialogfenster *Farbeinstellungen* unter dem Menü *Bearbeiten*

*> Farbeinstellungen…* die entsprechenden Optionen. Diese Einstellungen speichern Sie dann im Ordner „Settings" der Systemkomponente von Adobe ab.

**Farbeinstellungen synchronisieren**
Durch *Anwenden* **A** im Dialogfeld Farbeinstellungen von Bridge synchronisieren Sie die Farbeinstellungen aller Adobe-Programme auf Ihrem Rechner. Damit ist ein konsistenter Farbworkflow beim Datenaustausch zwischen den einzelnen Programmen gewährleistet. Im Dialogfeld der jeweiligen Programm-Farbeinstellungen wird angezeigt, ob die Farbeinstellungen synchronisiert sind **B**.

### 4.3.2 Farbeinstellungen in Acrobat

In Acrobat können Sie in der PDF-Datei die Farbeinstellungen noch verändern. Sie können in Acrobat den Farbdateien Profile zuweisen oder festlegen, dass die mitgeführten Profile beibehalten werden. Die Einstellungen nehmen Sie im Menü *Bearbeiten > Voreinstellungen > Allgemein... > Farbmanagement* vor.

### 4.3.3 Farbeinstellungen in PitStop

In PitStop können Sie ebenfalls in der PDF-Datei die Farbeinstellungen verändern. Sie können in PitStop den Farbdateien Profile zuweisen oder festlegen, dass die mitgeführten Profile beibehalten werden. Die Einstellungen nehmen Sie unter Menü *Bearbeiten > Voreinstellungen > Enfocus PitStop Pro...> Farbmanagement* vor.

Eigene Farbeinstellungsprofile erstellen Sie ohne den Weg über Bridge direkt im Voreinstellungsmanager unter Menü *Bearbeiten > Voreinstellungen > Enfocus PitStop Pro...> Voreinstellungen Datenbanken > Farbmanagement*.

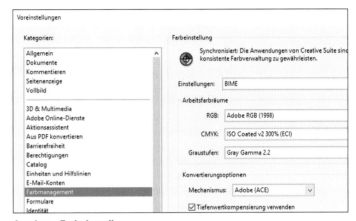

**Acrobat – Farbeinstellungen**

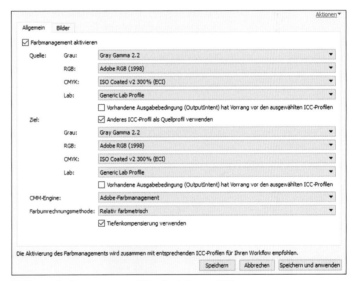

**PitStop – Farbmanagement-Voreinstellungs-Editor**

**Enfocus PitStop Pro Grundeinstellungen > Farbmanagement**

63

## 4.4 Navigation in der PDF-Datei

Die Navigation in einem PDF-Dokument ist einfach möglich. Acrobat bietet dazu verschiedene Optionen.

### 4.4.1 Seitenansicht

- *Bildlauf* **A**
  Bei der Einstellung *Bildlauf* hängen die Seiten wie eine Kette untereinander. Sie blättern durch das Dokument mit dem Scollrad der Maus oder den Pfeilschaltflächen **E**.
- *Einzelseite* **B**
  Es wird eine Seite komplett angezeigt. Mit Menü *Anzeige > Seitenanzeige* können Sie auch auf *Zweiseitenanzeige* umstellen. Diese Einstellung zeigt die Doppelseite eines Druckprodukts.
- *Lesemodus, Vollbild* **C**
  Menüleiste, Werkzeugleiste und alle Steuerelemente sind ausgeblendet. Es wird nur die Seite im Bildlauf oder

als Einzelseite dargestellt. Mit *ESC* schalten Sie zurück.

### 4.4.2 Navigationselemente in der Werkzeugleiste

- *Seitenzahl* **D**
  Nach Eingabe der Seitenzahl der Zielseite und Bestätigung der Eingabe mit Return oder Enter wird die Zielseite angezeigt.
- *Weiter- und Zurück-Schaltflächen* **E**
  Durch Klicken auf eine der beiden Schaltflächen wird die nächste oder die vorherige Seite angezeigt.
- *Seitenminiaturen* **F**
  Das Fenster Seitenminiaturen zeigt die verkleinerten Seiten des Dokuments in der Seitenfolge. Klicken Sie auf die Seitenminiatur der Zielseite, um im Arbeitsfenster dorthin zu springen.

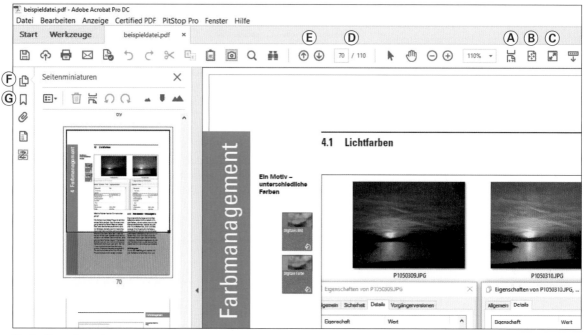

**Navigationselemente**

- *Lesezeichen* **G**
  Lesezeichen kennen Sie aus den klassischen Printmedien. Um eine Seite in einem Buch wiederzufinden, legen Sie ein Lesezeichen zwischen die Seiten. In Digitalmedien sind Lesezeichen Verknüpfungen. Bei der Recherche im Internet setzen Sie im Browser ein Bookmark oder einen Favoriten, um die Seite später noch einmal ohne suchen aufrufen zu können. In PDF-Dokumenten dienen Lesezeichen dazu, an eine bestimmte Stelle im Dokument zu gelangen oder andere Aktionen auszulösen.

- *Verknüpfung*
  Verknüpfungen sind Links, die innerhalb eines Dokuments angelegt sind. In PDF-Dokumenten dienen Verknüpfungen dazu, an eine bestimmte Stelle im Dokument zu gelangen oder andere Aktionen auszulösen.

### 4.4.3  Lesezeichen erstellen

**Lesezeichen beim der PDF-Export aus InDesign erstellen**
Aus einem Inhaltsverzeichnis in einem InDesign-Dokument kann beim PDF-Export ein hierarchisch gegliedertes Inhaltverzeichnis als PDF-Lesezeichen erzeugt werden.

**Making of ...**

1  Erstellen Sie in InDesign ein Inhaltsverzeichnis mit Menü *Layout > Inhaltsverzeichnis...*

2  Markieren Sie beim PDF-Export die Option *Lesezeichen* **A**.

3  Exportieren Sie die Datei mit *Exportieren* **B**.

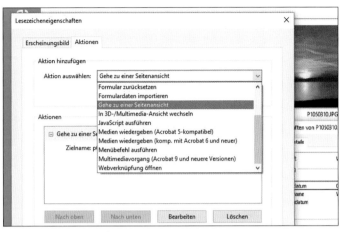

**Lesezeicheneigenschaften**

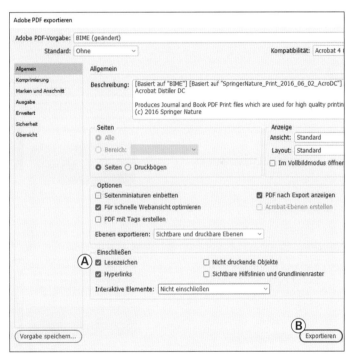

**Lesezeichen in PDF-Dokument exportieren**
Menü *Datei > Exportieren... > Allgemein > Lesezeichen*

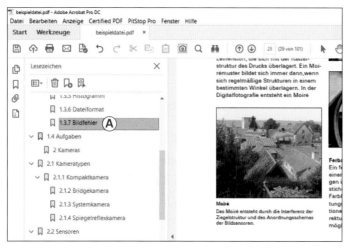

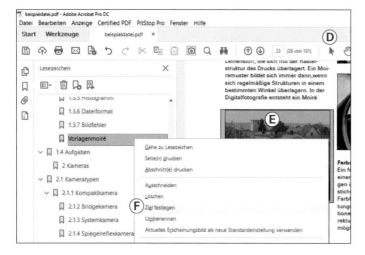

## Lesezeichen in Acrobat erstellen

Manuell erstellte Lesezeichen können in der Lesezeichenliste beliebig positioniert werden. Das Ziel der Verknüpfung oder die verknüpfte Aktion sind frei wählbar.

### Making of …

Es soll ein neues Lesezeichen erstellt und in eine Lesezeichenliste eingefügt werden. Mit dem Lesezeichen wird ein Bild verknüpft.

1   Wählen Sie in der Lesezeichenliste das Lesezeichen aus, unter dem das neue Lesezeichen erstellt werden soll **A**.

2   Erstellen Sie das Lesezeichen **B**.

3   Machen Sie eine Doppelklick auf das neue Lesezeichen **C** und benennen Sie das Lesezeichen.

4   Markieren Sie mit dem Auswahlwerkzeug **D** das Bild **E**.

5   Legen Sie im Kontextmenü des Lesezeichens das ausgewählte Bild als Ziel fest **F**.

### 4.4.4 Verknüpfung erstellen

Eine Verknüpfung kann innerhalb einer Datei auf eine andere Seite, auf eine Seite in einer anderen PDF-Datei oder eine Internetseite verlinken.

**Making of ...**

Das Schlüsselwort *Weißabgleich* **A** soll mit dem Artikel „4.1.1 Farbbalance – Weißabgleich" verknüpft werden.

1. Wählen Sie das Werkzeug *PDF-Datei bearbeiten > Web- oder Dokument-Verknüpfung hinzufügen/ bearbeiten* **B**.

2. Ziehen Sie mit dem Cursor einen Rahmen um das Schlüsselwort Weißabgleich. Das Dialogfeld *Verknüpfung erstellen* **C** wird automatisch geöffnet.

3. Legen Sie die *Verknüpfungsdarstellung* **D** fest. Bestätigen Sie die Eingaben mit *Weiter* **E**. Das Dialogfenster *„Gehe zu"-Ansicht erstellen* **F** wird automatisch geöffnet.

4. Gehen Sie zur Zielseite und legen Sie die Verküpfung zu dieser Stelle fest **G**.

## 4.5 Rich-Media-Inhalte

Rich Media bezeichnet Inhalte in Onlinemedien, die mehr sind als Text und Bild. Dazu gehören Video, Audio und Animationen. Audio- und Videodateien können Sie entweder direkt dem PDF-Dokument hinzufügen oder als Streaming verknüpfen. Acrobat unterstützt alle H.264-kompatiblen Dateiformate. Andere Dateiformate müssen Sie mit der Software Adobe Media Encoder konvertieren. Als URL-Typen sind RTMP, HTTP und HTTPS zulässig. RTMP, Real Time Messaging Protocol, ist ein proprietäres Adobe-Netzwerkprotokoll, um Audio-, Video- und sonstige Daten über das Internet von einem Media Server zu einem Flash-Player zu übertragen.

### 4.5.1 Audiodateien hinzufügen

**Making of ...**

1 Öffnen Sie die PDF-Datei.

2 Wählen Sie das Werkzeug *Rich Media > Audio hinzufügen* **A**.

3 Doppelklicken Sie auf die Seite. An dieser Stelle platzieren Sie damit die linke obere Ecke des Medienrahmens.

4 Wählen Sie die Option *Erweiterte Optionen anzeigen* **B**, um die Mediensteuerung zu konfigurieren.

5 Geben Sie im Feld *Datei* **C** die URL ein oder klicken Sie auf *Durchsuchen...* **D**, um eine Audiodatei auszuwählen.

6 Bestätigen Sie mit *OK* **E**.

Audio einfügen

Rich-Media-Elemente hinzufügen

## 4.5.2 Videodateien hinzufügen

**Making of ...**

1 Öffnen Sie die PDF-Datei.

2 Wählen Sie das Werkzeug *Rich Media* **A** > *Video hinzufügen* (Screenshot linke Seite unten).

3 Doppelklicken Sie auf die Seite. An dieser Stelle platzieren Sie damit die linke obere Ecke des Medienrahmens.

4 Geben Sie im Feld *Datei* **B** die URL ein oder klicken Sie auf *Durchsuchen...* **C**, um eine Videodatei auszuwählen.

5 Wählen Sie die Option *Erweiterte Optionen anzeigen* **D**, um die *Wiedergabesteuerung* **E** zu konfigurieren.

6 Bestätigen Sie mit *OK* **F**.

**Video einfügen**

**Video bearbeiten**

**Neue Schaltfläche**

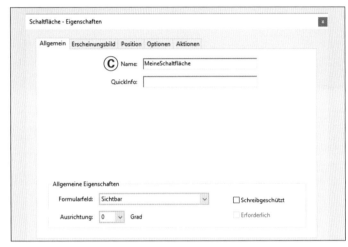

**Schaltfläche Eigenschaften – Allgemein**

### 4.5.3 Schaltflächen hinzufügen

**Making of …**

1 Öffnen Sie die PDF-Datei.

2 Wählen Sie das Werkzeug *Rich Media* **A** > *Schaltfläche hinzufügen* (Screenshot auf Seite 68 unten).

3 Doppelklicken Sie auf die Seite. An dieser Stelle platzieren Sie damit die linke obere Ecke der Schaltfläche.

4 Öffnen Sie das Dialogfenster *Eigenschaften* **B**.

5 Benennen Sie die Schaltfläche **C**.

6 Legen Sie die *Aktionen* **D** und **E** fest.

7 Schließen Sie das Dialogfenster **F**.

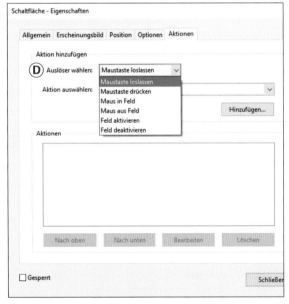

**Schaltfläche Eigenschaften – Aktionen > Auslöser**

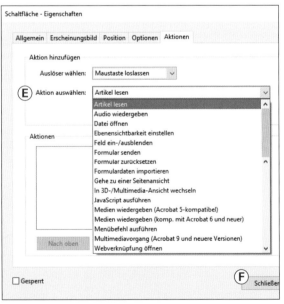

**Schaltfläche Eigenschaften – Aktionen > Aktion auswählen**

## 4.6 PDF als Präsentationsmedium

PDF-Dateien bieten als Präsentations-
medium eine Reihe Vorteile:
- Plattformunabhängige Anwendung
- Konsistentes Layout
- Eingebettete Schriften
- Einbindung multimedialer Inhalte
- Verknüpfungen innerhalb der Präsen-
tation
- Verknüpfungen zu externen Dateien
und ins Internet

### 4.6.1 Seitenmanagement

Die Folien erstellen Sie in Programmen
wie InDesign oder Word. Nach dem
Export als PDF-Dokument stellen Sie
die Präsentation in Acrobat fertig. Zur
Navigation und Steuerung fügen Sie
verschiedene Elemente ein. Anschließend definieren Sie die Ansicht und
Seitenübergänge.

**Making of…**

Die Präsentation mit Folien soll im Voll-
bildmodus geöffnet werden. Als Seiten-
übergang wird Aufdecken gewählt. Die
Navigation erfolgt durch Mausklick bzw.
die Pfeiltasten der Tastatur.

1. Öffnen Sie das PDF in Acrobat.

2. Öffnen Sie das Dialogfenster *Dokumenteigenschaften* mit Menü *Datei
> Eigenschaften… > Ansicht beim
Öffnen* **A**.

3. Belassen Sie die Einstellungen in
den Bereichen *Layout und Vergrö-
ßerung* **B** sowie *Benutzeroberflä-
chenoptionen* **C**. Im Bereich *Fens-
teroptionen* wählen Sie die Option
*Im Vollbildmodus öffnen* **D**.

4. Bestätigen Sie die Einstellungen
mit *OK* **E**.

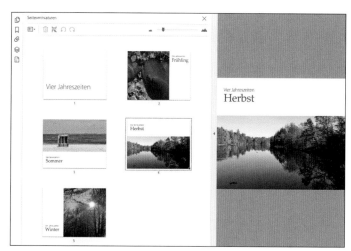

**Seitenminiaturen**
Übersicht der Präsentationsfolien

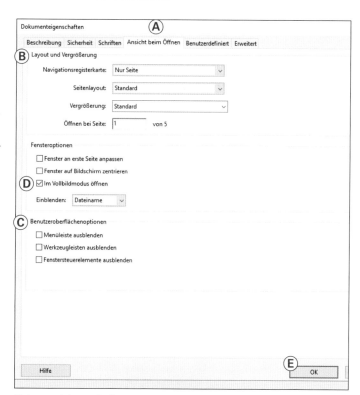

**Dokumenteigenschaften**
Menü *Datei > Eigenschaften… > Ansicht beim Öffnen*

**Einstellungen**

Menü *Bearbeiten > Voreinstellungen > Allgemein > Vollbild*

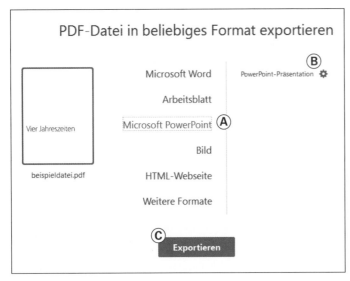

**Werkzeug > PDF-Datei exportieren**

5   Konfigurieren Sie die Vollbildein-
    stellungen unter Menü *Bearbeiten
    > Voreinstellungen > Allgemein >
    Vollbild* **F**. Aktivieren Sie folgende
    Optionen:
    - Nur aktuelles Dokument **G**
    - Jeweils eine Seite auf dem ge-
      samten Bildschirm **H**
    - Abbrechen mit Esc-Taste **I**. Die
      Vollbildansicht wechselt zur Ar-
      beitsumgebung von Acrobat.
    - Nächste Seite mit linker Maustas-
      te; vorherige Seite mit rechter
      Maustaste **J**
    - Standardübergang *Aufdecken* **K**.
    - Richtung wird durch Navigation
      vorgegeben **L**. *Vor* wird damit
      von links, *zurück* von rechts auf-
      gedeckt.

6   Bestätigen Sie die Einstellungen
    mit *OK* **M**.

7   Speichern Sie die Datei.

### 4.6.2 PDF-Datei als PowerPoint-Präsentation exportieren

PDF-Dateien können in unterschiedliche
Dateiformate exportiert bzw. konvertiert
werden.

**Making of ...**

1   Wählen Sie das Werkzeug *PDF-
    Datei exportiere*n.

2   Wählen Sie das Format *Microsoft
    PowerPoint* **A**. Im Kontextmenü
    **B** können Sie Konvertierungs-
    einstellungen festlegen.
    Alternativ exportieren Sie das PDF
    unter Menü *Datei > Exportieren in >
    Microsoft PowerPoint-Präsentation.*

3   Exportieren Sie die PDF-Datei **C**.

### 4.6.3 PowerPoint-Präsentation als PDF-Datei exportieren

Eine PowerPoint-Präsentation als PDF exportieren, um die Präsentation dann mit dem PDF-Dokument zu halten? Ja, das kann durchaus Sinn machen. Sie halten die Präsentation mit einem fremden Rechner. Die Schriften stimmen dort nicht, und der Umbruch sieht eventuell auch anders aus – Erfahrungen aus der Praxis. Im PDF sind die Schriften eingebettet, das Layout ist konsistent.

**Making of …**

1 Öffnen Sie unter Menü *Datei* **A** die Option *Exportieren* **B**.

2 Wählen Sie *Adobe PDF erstellen* **C**.

3 Öffnen Sie mit *Optionen* **D** das Einstellungsfenster *PDF-Optionen* **E**.

4 Bestätigen Sie die Einstellungen mit *OK* **F**.

5 *Speichern* Sie die PowerPoint-Präsentation als PDF **G**.

**PowerPoint-Präsentation exportieren**

73

## 4.7 Formulare

Sie können in Acrobat auf einfache Weise interaktive PDF-Formulare erstellen. Die Formulare werden direkt am Rechner ausgefüllt und dann entweder ausgedruckt oder digital verschickt. Als Basis erstellen Sie das Formular z.B. in InDesign oder einem Office-Programm und speichern es als PDF-Datei.

### Adressformular Ⓐ

Herr ◯         Frau ◯

Vorname

Nachname

Straße                          Nummer

Postleitzahl   Ort

Vorwahl        Telefon

E-Mail

**Beispielformular**

Unser Beispielformular **A** wird in Acrobat ergänzt und anschließend per Mail verteilt. Die zurückgesendeten Formulare werden ausgewertet, die Daten als CSV-Datei exportiert und in Excel weiterverarbeitet.

#### Making of ... – Basisformular erstellen

1    Erstellen Sie das Formular als Vektorgrafik-, Layout- oder Office-Textdatei. In unserem Beispiel

wurde das Basisformular in Illustrator erstellt.

2    Speichern Sie das Formular als PDF.

#### Making of ... – Formular vorbereiten

1    Öffnen Sie das Formular in Acrobat.

2    Wählen Sie das Werkzeug *Formular vorbereiten*.

3    Starten Sie die *Automatische Erkennung von Formularfeldern* **B**.

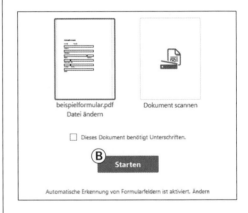

Das Ergebnis der automatischen Formularfelderkennung sehen Sie auf der rechten Seite: Acrobat erkennt die Formen/Rahmen als Formularfelder. Die im Formular neben den Feldern stehenden Begriffe werden automatisch als Feldnamen übernommen. Bei den beiden Radiobuttons **C** und **D** der Anrede hat die automatische Erkennung nicht geklappt.

4    Öffnen Sie mit einem Doppelklick auf den jeweiligen Radiobutton das *Optionsfeld – Eigenschaften* **E**. Da die beiden Radiobuttons alternativ sind, müssen beide denselben Na-

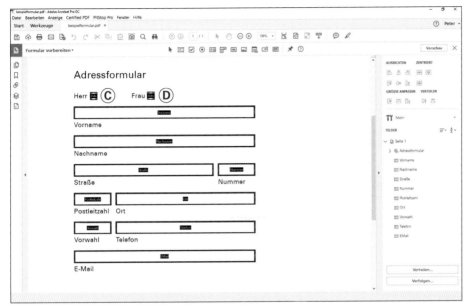

**Formular vorbereiten**

Ergebnis der automatischen Formularfeld-erkennung

Erkannte Feldnamen:
- Adressformular
  Adressformular
- Vorname
- Nachname
- Straße
  Nummer
- Postleitzahl
  Ort
- Vorwahl
  Telefon
- EMail

men haben. In unserem Beispiel im Reiter *Allgemein*: *Anrede* **F**.

5   Modifizieren Sie das Aussehen in den Reitern *Erscheinungsbild* und *Position*.

6   Im Reiter *Optionen* **G** geben Sie als *Optionsfeldauswahl* **H** für das linke Feld *Herr* und für das rechte Feld *Frau* ein.

7   Markieren Sie eine Schaltfläche als standardmäßig aktiviert **I**, in unserem Beispiel den Radiobutton *Herr*.

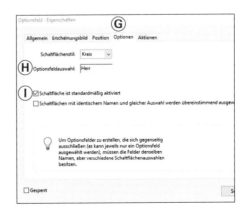

## Making of ... – Schaltflächen erstellen

Bei der Erstellung des Formulars wurden die zwei Formularschaltflächen *Abschicken* und *Zurücksetzen* nicht angelegt. Beide Schaltflächen sind für das Ausfüllen des Formulars am Computer in Acrobat oder Acrobat Reader notwendig. Wir erstellen diese Schaltflächen in Acrobat.

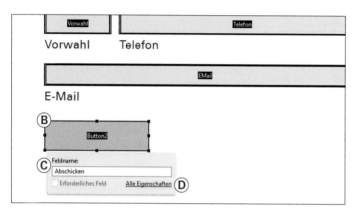

1 Wählen Sie in der Optionsleiste des Werkzeugs *Formular vorbereiten Schaltfläche erstellen* **A**.

2 Ziehen Sie die Schaltfläche an die gewünschte Position **B**.

3 Geben Sie als Feldname **C** *Abschicken* ein.

4 Mit *Alle Eigenschaften* **D** öffnen Sie das Dialogfenster *Schaltfläche – Eigenschaften* **E**.

5 Modifizieren Sie das Aussehen in den Reitern *Erscheinungsbild* und *Position*.

6 Im Reiter *Optionen* **F** geben Sie als Beschriftung **G** *Abschicken* ein.

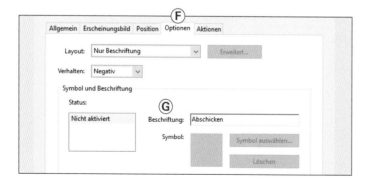

7 Im Reiter *Aktionen* **H** wählen Sie als Auslöser *Maustaste loslassen* **I** und als Aktion *Formular senden* **J**. Fügen Sie die Aktion hinzu **K**. Der Nutzer sendet damit das Formular an den Absender zur Auswertung zurück:

- Um die Formulardaten an eine E-Mail-Adresse zu senden, geben Sie mailto: und dann die E-Mail-Adresse ein **L**.
- Um die Formulardaten an einen Webserver zu senden, geben Sie die Ziel-URL ein **L**.

8 Wählen Sie die Option *PDF – Gesamtes Dokument* **M**.

9 Bestätigen Sie die Einstellungen mit *OK* **N**.

10 Schließen Sie das Dialogfenster *Schaltfläche - Eigenschaften*.

11 Erstellen Sie in gleicher Weise die Schaltfläche *Zurücksetzen*. Als Aktion wählen Sie im Reiter Aktionen die Option *Formular zurücksetzen* **O**.

12 Nach dem *Hinzufügen* **P** öffnet sich das Dialogfeld *Felder zum Zurücksetzen auswählen* **Q**. Wir belassen die Markierung in allen Feldern. Damit werden die Inhalte in allen Eingabefeldern gelöscht.

13 Bestätigen Sie die Eingabe der Felder mit *OK* **R**.

14 Schließen Sie das Dialogfenster *Schaltfläche - Eigenschaften*.

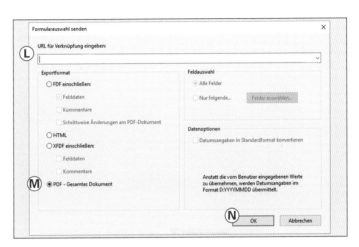

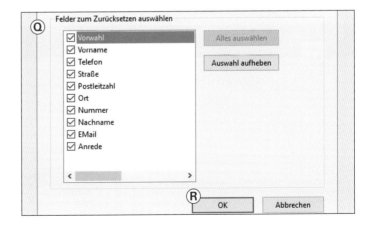

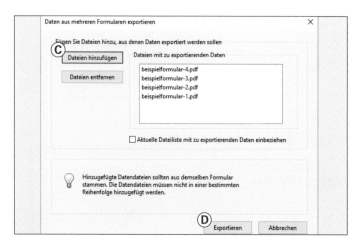

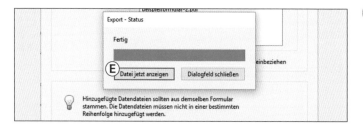

## Making of ... – Tabellendaten sammeln

Als letzten Schritt werden wir die Daten aus den gesammelten Formularen erfassen und in einer Excel-Tabelle ausgeben.

1   Wählen Sie das Werkzeug *Formular vorbereiten*.

2   Öffnen Sie im Kontextmenü der Werkzeugoption *Mehr* **A** > *Datendateien in Tabelle zusammenführen...* **B**.

3   Wählen Sie die PDF-Dateien mit *Dateien hinzufügen* **C**.

4   Exportieren Sie die Dateien **D**.

5   Speichern Sie die Datei als CSV-Datei. Alternativ könnten Sie die Datei auch als XML-Datei speichern.

6   Mit *Datei jetzt anzeigen* **E** öffnen Sie die Datei in Excel **F**.

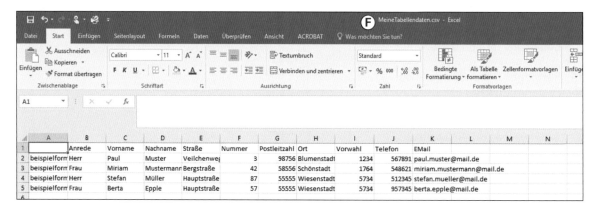

Datensicherheit war bei einem Dateiformat wie PDF, das als Austauschformat eingesetzt wird, schon immer ein wichtiger Aspekt. Durch die Entwicklung hin zu interaktiven Formularen und Dateien mit Multimedia-Elementen und Skripts gewinnen die Sicherheitseinstellungen noch größere Bedeutung. Wir unterscheiden zwei Bereiche der Sicherheit:

- *Anwendungssicherheit*
  Hier geht es um den Schutz der Programme wie Acrobat und Acrobat Reader gegen das Ausnützen von Schwachstellen und böswillige Angriffe. Regelmäßige Updates sind eine einfache Möglichkeit, den Schutz aktuell zu halten.
- *Inhaltssicherheit*
  Die Inhaltssicherheit gewährleistet die Integrität des PDF-Inhalts. So verhindern die Sicherheitseinstellungen z. B. unerwünschte Änderungen und das Drucken von PDF-Dokumenten.

### 4.8.1 Sicherheitseinstellungen in Acrobat

Die wichtigsten Sicherheitseinstellungen sind der Kennwortschutz und der Schutz des PDF-Dokuments durch ein Zertifikat.

**Kennwortschutz**
Beim Einrichten des Kennwortschutzes für ein PDF-Dokument können Sie festlegen, ob zum Öffnen, zum Kopieren von Inhalten oder zum Drucken des PDF-Dokuments jeweils ein Kennwort notwendig ist. Gehen Sie dazu auf Menü *Datei > Eigenschaften... > Sicherheit > Sicherheitssystem: Kennwortschutz* oder *Werkzeug Schützen > Weitere Optionen > Sicherheitseigenschaften > Sicherheitssystem: Kennwortschutz.*

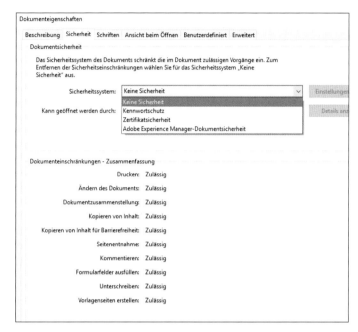

### Zertifikatsicherheit

Um mit PDF-Zertifikatsicherheit zu arbeiten, benötigen Sie und der Empfänger der PDF-Datei eine digitale ID. Die IDs werden entweder lokal in Acrobat oder auf einem sogenannten Signaturserver zentral verwaltet. Dieses Verfahren bietet gegenüber dem Kennwortschutz eine erhöhte Sicher-

heit, setzt aber voraus, dass Sender und Empfänger über die jeweiligen Zertifikate bzw. Schlüssel zum Bearbeiten des PDF-Dokuments verfügen. Durch die Zuordnung unterschiedlicher Zertifikate für verschiedene Empfänger können Sie einzelnen Nutzern, deren Identität durch das Zertifikat überprüft wird, verschiedene Berechtigungen zur Bearbeitung eines PDF-Dokuments zuweisen. Gehen Sie dazu auf Menü *Datei > Eigenschaften... > Sicherheit > Sicherheitssystem: Zertifikatsicherheit* oder *Werkzeug Schützen > Weitere Optionen > Sicherheitseigenschaften > Sicherheit > Sicherheitssystem: Zertifikatsicherheit*.

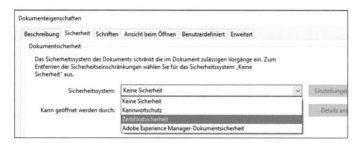

### Erweiterte Sicherheitseinstellungen

Servergestützte Sicherheitseinstellungen und den Sandbox-Schutz richten Sie unter Menü *Bearbeiten > Voreinstellungen > Allgemein > Sicherheit* oder *> Sicherheit (erweitert)* ein. Eine weitere Option zu servergestützten Sicherheitseinstellungen gibt es bei *Werkzeug Schützen > Sicherheitseigenschaften > Sicherheitssystem: Adobe Experience Manager-Dokumentsicherheit*.

## 4.8.2 Sicherheitsrichtlinien und PDF/X

Für PDF-Dokumente im PDF/X-Standard sind keine Sicherheitseinstellungen zulässig. Dies ist folgerichtig, da bei der Verarbeitung der PDF-Datei in einem automatisierten PDF-Printworkflow natürlich beim Öffnen und Bearbeiten der Datei kein Kennwort eingegeben werden kann.

**Richtlinie Zertifikatsicherheit**

Nach Auswahl des Sicherheitssystem *Zertifikatsicherheit* ist der erste Schritt die Erstellung einer *Zertifikatsrichtlinie*. Folgen Sie im Weiteren der Nutzerführung.

Eine PDF-Datei wird mit einem bestimmten Setting für einen Ausgabeprozess, z. B. die Druckausgabe als PDF/X, erstellt. Für die Ausgabe in anderen Medien, z. B. als Download-Datei zur Webansicht oder als E-Book, müssen bestimmte Parameter der Datei modifiziert werden.

### 4.9.1    PDF optimieren

In Acrobat öffnen Sie zur PDF-Optimierung das Werkzeug *PDF optimieren* oder speichern die Datei unter Menü *Datei > Speichern als > Optimiertes PDF..*. Die folgenden Einstellungen zeigen nur eine Übersicht. Sie müssen die Einstellungen auf die Anforderungen des jeweiligen Ausgabeprozesses hin anpassen.

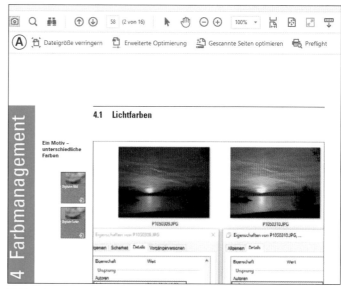

**PDF optimieren – Einstellungsoptionen A**

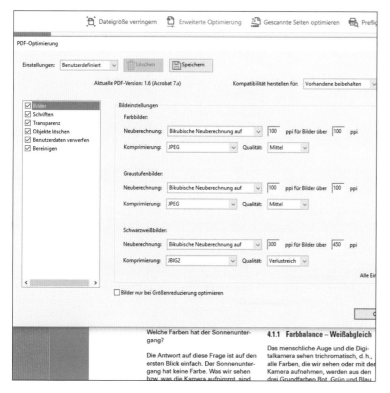

**Registerkarte Bilder**

- Die *Neuberechnung* von Bildern bedeutet Neuberechnung der Auflösung. Dabei erfolgt nur ein Downsampling (Herunterrechnen) zu hoch aufgelöster Bilder. Niedrig aufgelöste Bilder werden in ihrer Auflösung belassen. Die *Bikubische Neuberechnung* führt bei Halbtonbildern zum besten Ergebnis.
- Die *Komprimierung* erfolgt automatisch hinsichtlich der Qualitätsoptimierung.
- *Schwarzweißbilder* sind 1-Bit-Strichabbildungen. Hier kann eine Neuberechnung zu sehr unschönen Treppenstufen oder Interferenzerscheinungen führen. Sie sollten deshalb 1-Bit-Bilder nicht neu berechnen lassen. Die Einstellung in der Registerkarte führt dazu, dass nur Bilder mit einer Auflösung von über 450 dpi neu berechnet werden.

### Registerkarte Schriften

- Quell- und Zieldokument müssen für eine übereinstimmende typografische Darstellung dieselben Schriften enthalten. Schriften müssen deshalb immer vollständig eingebettet werden **A**. Falls sich aus technischen oder rechtlichen Gründen eine Schrift nicht einbetten lässt und die Schrift auf dem Ausgabesystem nicht vorhanden ist, dann wird automatisch eine Ersatzschrift verwendet.

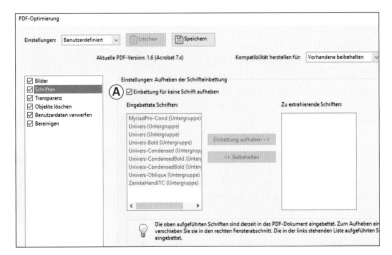

### Registerkarte Transparenz

- Die Transparenz von Schrift und grafischen Elementen muss für manche Anwendungen reduziert werden. Die Einstellung *Acrobat 4.0 oder höher* **B** reduziert die Transparenz, da in dieser Version Transparenz noch nicht unterstützt wurde.

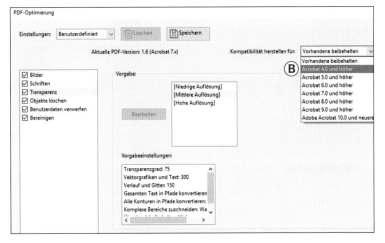

### Registerkarte Objekte löschen

- Objekte, die in Acrobat oder in Quellprogrammen erstellt wurden, stören oft die Ausgabe oder Konvertierung der PDF-Datei z. B. als ePaper. Es ist deshalb sinnvoll, alle Objekte, die nicht gebraucht werden, zu löschen.

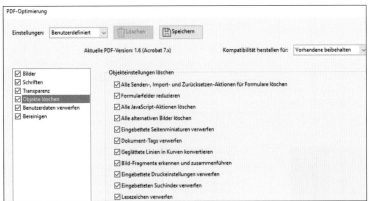

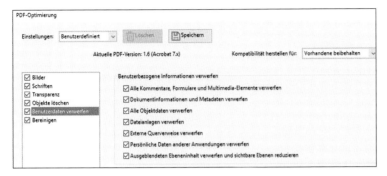

### Registerkarte Benutzerdaten verwerfen

* Benutzerdaten können persönliche Daten oder auch Kundendaten enthalten, die nicht zur Weitergabe bestimmt sind. Es ist deshalb sinnvoll, alle Benutzerdaten, die nicht gebraucht werden, zu löschen.

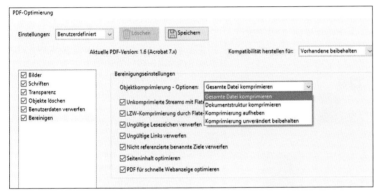

### Registerkarte Bereinigen

* Bereinigen löscht nutzlose Objekte aus der Datei. Dazu gehören Elemente, die außerhalb der Seite positioniert sind, und z.B. ausgeblendete Ebenen. Es ist deshalb sinnvoll, alle Objekte, die nicht gebraucht werden, zu löschen. Aber Vorsicht, löschen Sie nur Objekte, die die Dokumentfunktionalität nicht beeinflussen.

## 4.9.2 Farbmodus konvertieren

**Making of …**

Ein PDF/X-Dokument im CMYK-Modus soll in den sRGB-Farbraum konvertiert werden.

1 Öffnen Sie im Werkzeug *Druckproduktion* oder in *PDF optimieren* das Dialogfenster *Preflight* **A**.

2 Wählen Sie die Option *Profile > Farben konvertieren > Nach sRGB konvertieren* **B**.

3 Konvertieren Sie die Datei mit *Prüfen und korrigieren* **C**.

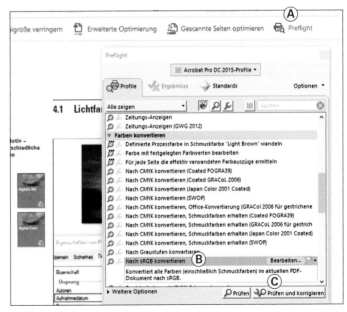

**Preflight – Farben konvertieren**

## 4.10 ePaper

### 4.10.1 Produkte

Ein ePaper ist die digitale Ausgabe einer Zeitung oder einer Zeitschrift. Meist als 1:1-Abbild in Form einer PDF-Datei, aber auch ergänzt durch multimediale Inhalte. Die digitale Ausgabe einer Zeitung oder einer Zeitschrift wird in Abo-Modellen häufig in Kombination mit der Printausgabe angeboten. Bibliotheken haben in ihrer Online-Ausleihe neben eBooks auch ePapers von Zeitungen und Zeitschriften. Sie können ePaper auf Computermonitoren oder mobilen Endgeräten im Browser oder mit speziellen eReadern wie z. B. dem kostenlosen Bluefire Reader für iOS und Android lesen.

### 4.10.2 ePaper erstellen

Zur Erstellung eines ePapers gibt es mehrere Programme und Online-Portale. Basis ist bei allen Systemen ein PDF-Dokument, das importiert bzw. auf das Portal hochgeladen und dort konvertiert wird. Der Funktionsumfang ist in den jeweils preislich gestaffelten Paketen unterschiedlich. Im einfachsten Fall erhalten Sie ein blätterbares PDF. In umfangreicheren Paketen können z. B. Audio, Video, Navigationselemente und Bildergalerien in das ePaper integriert werden.

Zur optimalen Konvertierung einer PDF-Datei in ein ePaper sollten Sie folgende Parameter beachten:

- Keine Sicherheitseinstellungen
- Keine Verschlüsselung
- Einheitliches Seitenformat
- Keine Doppelseiten
- Weboptimiert
- sRGB-Farbraum
- Transparenzen reduziert
- Schriften vollständig eingebettet
- Keine geschützten Schriftarten

**Online-Ausleihe Stadtbücherei Stuttgart**

**ePaper Marbacher Zeitung**
Ein Artikel **A** ist ausgewählt und wird anschließend groß angezeigt **B**.

## Making of …

Ein PDF-Dokument soll in einem Online-Portal in ein ePaper konvertiert werden, in unserem Beispiel www.1000grad-epaper.de.

1 Optimieren Sie das PDF-Dokument zur ePaper-Erstellung.

2 Öffnen Sie die Anwendung 1000grad-epaper.

3 Laden Sie die PDF-Datei hoch.

4 Erstellen Sie das ePaper **A**.

5 Testen Sie das ePaper.

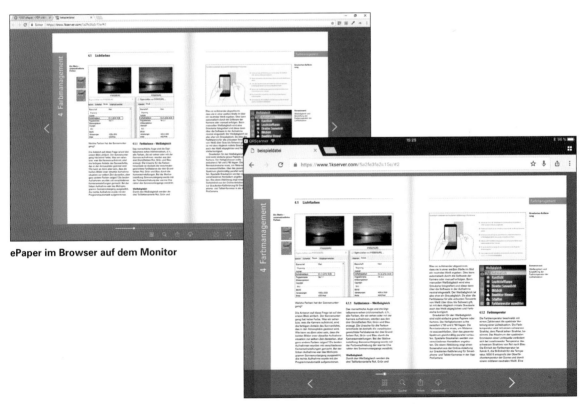

ePaper im Browser auf dem Monitor

ePaper im Browser auf dem iPad

## 4.11 Aufgaben

### 1 Vollbildmodus einstellen

Erläutern Sie die Menüoption „Im Voll-bildmodus öffnen"?

### 2 Navigation erstellen

Nennen Sie vier Möglichkeiten, ein PDF-Dokument mit einer interaktiven Navigation zu versehen.

1.

2.

3.

4.

### 3 Formulare konzipieren

Nennen Sie vier Formularelemente, die Sie in ein interaktives PDF-Formular einfügen können.

1.

2.

3.

4.

### 4 Sicherheitseinstellungen nutzen

Erläutern Sie die beiden Dimensionen der Sicherheitseinstellungen:
a. Anwendungssicherheit
b. Inhaltssicherheit

a.

b.

### 5 Texte bearbeiten

a. Mit welchem Werkzeug können Texte in einer PDF-Datei bearbeitet wer-den?
b. Nennen Sie drei Textparameter, die modifiziert werden können.

a.

b.

### 6 Bilder bearbeiten

Können in Acrobat Gradationskorrek-turen in Bildern vorgenommen wer-den?

### 7 Bilder ersetzen

Können in Acrobat in PDF-Dokumenten Bilder ausgetauscht werden?

## 8 Audiodatei hinzufügen

Erläutern Sie die Einbettung einer Audiodatei in ein PDF-Dokument.

## 9 Videodatei hinzufügen

Erläutern Sie die Einbettung einer Videodatei in ein PDF-Dokument.

## 10 Farbeinstellungen in Acrobat synchronisieren

Erläutern Sie, wie die Farbeinstellungen in Acrobat synchronisiert werden.

## 11 Farbprofil austauschen

Erläutern Sie die Vorgehensweise beim Austausch eines CMYK-Farbprofils durch ein sRGB-Farbprofil.

## 12 Transparenz reduzieren

Erläutern Sie, wie die Transparenz in einem PDF-Dokument reduziert werden kann.

## 13 PDF-Formulardaten sammeln

Erläutern Sie die Vorgehensweise, wie PDF-Formulardaten in Excel-Tabellen übertragen werden können.

## 14 ePaper kennen

Welche Medienprodukte werden als ePaper bezeichnet?

87

---

## 5.1 Lösungen

### 5.1.1 PDF-Grundlagen

**1 Das Akronym PDF kennen**

Portable Document Format

---

**2 PDF-Standards kennen**

1. PDF/A (ISO 19005, Basis PDF 1.4)
2. PDF/E (ISO 24517, Basis PDF 1.6)
3. PDF/X (ISO 15929 und ISO 15930, Basis PDF 1.3, 1.4 und 1.6)
4. PDF/UA (ISO 14289, Basis PDF 1.7)
5. PDF/VT (ISO 16612, Basis PDF 1.6)

---

**3 PDF-Standard im Printmedien-Workflow zuordnen**

PDF/X in den Versionen PDF/X-1, PDF/X-3 und PDF/X-4

---

**4 PDF-Standard für barrierefreie PDF-Dokumente kennen**

PDF/UA

---

**5 PDF-Kompatibilitätsebenen unterscheiden**

Die PDF-Kompatibilitätsebenen beschreiben die verschiedenen PDF-Versionen. Die PDF-Versionen haben unterschiedlich große Funktionsumfänge, z. B. Transparenz und Einbettung von Multimedia-Inhalten.

---

**6 PostScript kennen**

1. Geometrische Basiselemente
2. Schrift
3. Pixelbilder

---

**7 PostScript kennen**

PostScript ist eine Programmier- bzw. Seitenbeschreibungssprache.

Die Dateistruktur ist unabhängig von Ausgabegerät, Auflösung und Betriebssystem. In PostScript gibt es verschiedene Dialekte und Strukturen. Es werden keine sichtbaren Dateiinhalte erzeugt. Die Dateien selbst können nicht editiert werden, sondern nur der PostScript-Code.

---

**8 RIP-Vorgang beschreiben**

1. Die PostScript-Datei wird analysiert. Kontrollstrukturen, Angaben über Transparenzen oder Verläufe werden zu Anweisungen für die Erstellung der Display-Liste.
2. Die PostScript-Programmanweisungen werden in ein objektorientiertes Datenformat umgerechnet.
3. Beim Rendern wird aus der Display-Liste eine Bytemap erstellt. Alle Objekte der Seite werden in Pixel umgewandelt. Dabei wird die Pixelgröße an die spätere Ausgabeauflösung angepasst.
4. Die Bytemap wird in diesem letzten Schritt in eine Bitmap umgerechnet. Aus den Halbtonpixeln werden entsprechend der gewählten Rasterkonfiguration frequenz- oder amplitudenmodulierte Rasterpunkte.

---

**9 PDF-Rahmen kennen**

1. Endformat-Rahmen (Trim-Box)
2. Anschnitt-Rahmen (Bleed-Box)
3. Objekt-Rahmen (Art-Box)
4. Beschnitt-Rahmen (Crop-Box)

---

**10 PDF-Rahmen unterscheiden**

Der Anschnitt-Rahmen liegt zwischen Endformat-Rahmen und Medien-Rahmen. Er definiert bei angeschnittenen randabfallenden Elementen den Anschnitt. Beim Ausdruck einer

© Springer-Verlag GmbH Deutschland 2018
P. Bühler, P. Schlaich, D. Sinner, *PDF*, Bibliothek der Mediengestaltung,
https://doi.org/10.1007/978-3-662-54615-4

DIN A5-Seite auf einem A4-Drucker wäre also der Medien-Rahmen DIN A4 und der Endformat-Rahmen DIN A5. Der Anschnitt-Rahmen wäre an allen vier Seiten 3 mm größer als DIN A5. Alle Hilfszeichen wie z. B. Passkreuze liegen außerhalb des Anschnitt-Rahmens im Medien-Rahmen.

### 11 PDF/X-3 erläutern

Eine PDF/X-3-Datei ist eine normale PDF-Datei, die aber bestimmten Vorgaben entspricht. Das X steht für eXchange = Austausch. Die standardisierte Erstellung soll den problemlosen Austausch der PDF-Dateien zwischen den Stationen des Workflows garantieren.

### 12 PDF/X-3 und PDF/X-4 unterscheiden

In PDF/X-4-Dateien sind Transparenzen und Ebenen erlaubt, in PDF/X-3-Dateien nicht.

## 5.1.2 PDF-Erstellung

### 1 PDF-Joboption kennen

PDF-Joboption ist eine Datei, in der die Einstellungen eines PDF-Standards wie z.B. PDF/X-4 gespeichert ist. Mit dieser Datei ist der Austausch von Einstellungen zwischen Computern möglich

### 2 PDF-Joboption kennen

1. Bilder
2. Schriften
3. Farbe

### 3 Bildtypen unterscheiden

a. Graustufenbilder sind Halbtonbilder mit einer Farbtiefe von 8 Bit. Sie enthalten maximal 256 Grauwerte.
b. Schwarzweißbilder sind Strichbilder mit einer Datentiefe von 1 Bit. Sie enthalten als Tonwerte nur Schwarz und Weiß.

### 4 Schriften in PDF-Dateien verwalten

Die im Quellsystem genutzten Schriften werden in die PDF-Datei eingebettet, d. h. mit ihr gespeichert. Sie stehen damit auch auf einem Zielsystem zur Verfügung.

### 5 PDF-Erstellung im Distiller kennen

Die Quelldatei ist eine PostScript-Datei.

### 6 PostScript-Datei erstellen

Die PostScript-Datei wird durch Drucken in eine Datei mit einem PostScript-Druckertreiber erzeugt.

### 7 Papierformat im Distiller einstellen

508 cm x 508 cm

### 8 Überwachte Ordner einrichten

Mit überwachten Ordnern kann die PDF-Erstellung automatisiert werden. Jeder In-Ordner erhält ein eigenes Setting. Nach dem Distillen wird die PDF-Datei automatisch in den zugehörigen Out-Ordner gelegt.

### 9 PDF erstellen

Das InDesign-Dokument wird als PDF-Datei exportiert. Dabei wird in den PDF-Vorgaben der PDF-Standard festgelegt.

### 10 Neues PDF erstellen

Unter Menü *Datei > Erstellen* kann man ein neues PDF-Dokument erstellen. Grundsätzlich ist Acrobat aber ein Programm zur Bearbeitung bestehender PDF-Dateien.

### 11 PDF erstellen

Die Photoshop-Datei wird als PDF-Datei gespeichert. Dabei wird in den PDF-Vorgaben der PDF-Standard festgelegt.

### 12 PDF erstellen

Das Illustrator-Dokument wird als PDF-Datei gespeichert. Dabei wird in den PDF-Vorgaben der PDF-Standard festgelegt.

### 13 PDF erstellen

1. In der Werkzeugleiste den Reiter Acrobat auswählen.
2. Im Dialogfeld Grundeinstellungen die PDFMaker-Einstellungen überprüfen.
3. Im Kontextmenü Konvertierungseinstellungen die für den Workflow korrekte Joboption auswählen.
4. Die Einstellungen bestätigen.
5. Das PDF erstellen und die Datei speichern.

### 14 Barrierefreies PDF erstellen

1. Veränderbarkeit des Schriftbildes
2. Veränderbarkeit der farblichen Darstellung von Text und Hintergrund
3. Bedienung ausschließlich mit der Tastatur
4. Erhaltung der Lesereihenfolge in linearen Medien
5. Automatische Erkennung der Sprache

### 15 Barrierefreies PDF erstellen

a. Werkzeug Barrierefreiheit
b. Werkzeug Aktionsassistent

## 5.1.3 PDF-Preflight

### 1 Preflight erläutern

Preflight ist die Überprüfung der Datei auf Fehler, die bei der Generierung entstanden sind oder schon aus den vorherigen Applikationen mitgebracht wurden.

### 2 Druckproduktion-Ausgabevorschauoptionen erläutern

a. Das eingestellte Farbprofil simuliert in der Monitordarstellung den Druck.
b. Durch die Option Überdruck simulieren wird überprüft, ob in der Quelldatei Objekte mit der Eigenschaft Überdrucken versehen wurden.

### 3 Überdrucken einstellen

Überdrucken bedeutet, dass bei zwei übereinanderliegenden Objekten das untere bei der Belichtung nicht im überlappenden Bereich entfernt wird, sondern auf der entsprechenden Druckform druckt.

### 4 Druckfarbenverwaltung erläutern

Das Dialogfeld zeigt das Ausgabeprofil und die Druckfarben der Datei einschließlich Sonderfarben. Mit den Optionen „Schwarze Druckfarbe simulieren" und „Papierfarbe simulieren" kann man sich auf dem kalibrierten und profilierten Monitor einen Softproof erstellen. Die Separation und die Papierfarbe wird von Acrobat dem

ausgewählten ICC-Profil entnommen.
Über den Button „Druckfarbenverwaltung" kommt man zur detaillierteren
Anzeige der Druckfarbenliste. Dort
bekommt man auch Informationen über
die Farbdichte und kann die Dichtewerte bei Bedarf modifizieren. Die Option
„Alle Volltonfarben in CMYK-Farben
konvertieren" separiert alle Sonderfarben. Es drucken dann nur noch die vier
Skalenfarben Cyan, Magenta, Gelb und
Schwarz.

## 5 Sonderfarben konvertieren

Ja, in Acrobat können Sonderfarben in
4c konvertiert werden.

## 6 Überfüllen einstellen

Ja, die Überfüllungsoptionen können in
Acrobat eingestellt werden.

## 7 Überfüllen erläutern

a. Überfüllen ist notwendig, um bei
   Passerdifferenzen im Mehrfarbendruck die Blitzer zu verhindern.
b. Die Überfüllungsoption „Neutrale
   Dichte" analysiert die Farbdichte der
   einzelnen Druckfarben und überfüllt
   dann nach dem Grundsatz „hell
   unter dunkel", d. h., die Farbfläche
   mit der höheren Dichte wird von der
   angrenzenden Farbfläche mit der
   geringeren Dichte überfüllt.

## 8 Haarlinien korrigieren

a. Eine Haarlinie ist definiert als die
   dünnste auf einem Ausgabegerät
   technisch mögliche Linie.
b. Ein hochauflösender Belichter produziert eine so hochfeine Linie, die
   nicht mehr stabil verarbeitbar wäre.

## 9 PDF/X-Konformität

Die Einstellungen der PDF-Datei erfüllen alle die Anforderungen des PDF/X-3-Standards.

## 10 Barrierefreiheit prüfen

Statusmeldungen:
1. *Bestanden*, das Element ist barrierefrei.
2. *Von Benutzer übersprungen*, die Regel wurde nicht geprüft, da sie nicht
   im Dialogfeld Optionen für Barrierefreiheitsprüfung ausgewählt wurde.
3. *Manuelle Prüfung erforderlich*, die
   Funktion Vollständige Prüfung konnte das Element nicht automatisch
   prüfen.
4. *Nicht bestanden*, das Element hat die
   Prüfung nicht bestanden

## 11 PDF/X-3-Vorgaben benennen

1. PDF-Version 1.3
2. Die PDF/X-3-Datei muss alle benötigten Ressourcen enthalten. Sie
   darf nicht auf die Ressourcen des
   Rechners zurückgreifen.
3. Die Bildauflösung muss für die Ausgabe ausreichend hoch sein.
4. LZW-Komprimierung ist nicht
   zulässig.
5. Transferfunktionen dürfen nicht
   enthalten sein.
6. Die Seitenboxen müssen definiert
   sein.
7. Rastereinstellungen sind erlaubt,
   aber nicht zwingend.
8. Es muss ein Output-Intent definiert
   sein.
9. RGB-Farben nur mit Farbprofil
10. Der Überfüllungsschlüssel muss
    gesetzt sein.
11. Kommentare sind nur außerhalb
    des Anschnitt-Rahmens zulässig.

12. Die Datei darf keine Transparenzen enthalten.
13. Schriften müssen eingebettet sein.
14. Keine OPI-Kommentare, die Bilder müssen in der Datei sein.
15. JavaScript, Hyperlinks usw. sind nicht zulässig.
16. Nur Composite, keine vorseparierten Dateien
17. Verschlüsselung ist unzulässig.
18. Die Namenskonvention sollte „name_x3.pdf" sein

### 5.1.4 PDF-Bearbeitung

#### 1 Vollbildmodus einstellen

Im Vollbildmodus wird die ganze Dokumentenseite ohne Acrobat-Werkzeuge usw. angezeigt.

#### 2 Navigation erstellen

1. Vorschaubilder im Seitenfenster
2. Lesezeichen
3. Verknüpfungen/Hyperlinks
4. Buttons

#### 3 Formulare konzipieren

1. Textfeld
2. Schaltfläche
3. Radiobutton/Optionsfeld
4. Kontrollkästchen

#### 4 Sicherheitseinstellungen nutzen

a. Bei der Anwendungssicherheit geht es um den Schutz der Programme wie Acrobat und Acrobat Reader gegen das Ausnützen von Schwachstellen und böswillige Angriffe. Regelmäßige Updates sind eine einfache Möglichkeit, den Schutz aktuell zu halten.

b. Die Inhaltssicherheit gewährleistet die Integrität des PDF-Inhalts. So verhindern die Sicherheitseinstellungen z. B. unerwünschte Änderungen und das Drucken von PDF-Dokumenten.

#### 5 Texte bearbeiten

a. Acrobat, PitStop
b. Textparameter:
  - Schriftgröße
  - Schriftfarbe
  - Abstände
  - Grundlinienversatz

#### 6 Bilder bearbeiten

Nein, zur Gradationskorrektur muss das Bild in einem Bildbearbeitungsprogramm geöffnet und bearbeitet werden.

#### 7 Bilder ersetzen

Ja, im Kontextmenü des Bildrahmens mit der Option „Bild ersetzen".

#### 8 Audiodatei hinzufügen

Das Einbetten erfolgt mit der Option „Audio hinzufügen" im Werkzeug *Rich Media*. Die Position auf der Seite wird durch Mausklick festgelegt. Verschiedene Arten der Wiedergabesteuerung sind in den Einstellungen möglich.

#### 9 Videodatei hinzufügen

Das Einbetten erfolgt mit der Option „Video hinzufügen" im Werkzeug *Rich Media*. Die Position auf der Seite wird durch Mausklick festgelegt. Verschiedene Arten der Wiedergabesteuerung sind in den Einstellungen möglich.

### 10 Farbeinstellungen in Acrobat synchronisieren

Acrobat ist Teil des Farbmanagements der Adobe Creative Cloud. Die Farbeinstellungen werden deshalb auch in Acrobat im Programm Bridge synchronisiert.

### 11 Farbprofil austauschen

Mit der Option *Profile > Farben konvertieren > Nach sRGB konvertieren* im Preflight des Werkzeugs *Druckproduktion* kann das CMYK-Farbrofil gegen das sRGB-Farbprofil ausgetauscht werden.

### 12 Transparenz reduzieren

In der Registerkarte Transparenz der Menüoption „PDF optimieren" wird die Datei mit der Einstellung „Acrobat 4.0 oder höher" gespeichert. Acrobat 4.0 entspricht der PDF-Version 1.3. In dieser Version sind Transparenzen immer reduziert.

### 13 PDF-Formulardaten sammeln

Mit der Option *Mehr > Datendateien in Tabelle zusammenführen...* im Werkzeug *Formular vorbereiten* in Acrobat können die Formulardaten in eine CSV-Datei gespeichert werden. Diese Datei kann in Excel geöffnet und die Formulardaten somit in eine Excel-Tabelle übertragen werden.

### 14 ePaper kennen

Ein ePaper ist die digitale Ausgabe einer Zeitung oder einer Zeitschrift. Meist als 1:1-Abbild in Form einer PDF-Datei, häufig mit multimedialen Inhalten.

## 5.2 Links und Literatur

**Links**

Adobe
www.adobe.com/de

Adobe TV
tv.adobe.com/de

European Color Initiative (ECI)
www.eci.org/de

Fogra Forschungsgesellschaft Druck e.V.
www.fogra.org

PDF-Software
online-tools.ch/de/freeware
www.access-for-all.ch
www.callassoftware.com/de
www.enfocus.com
www.esko.com
www.impressed.de

**Literatur**

Joachim Böhringer et al.
Kompendium der Mediengestaltung
Springer Vieweg, 2014
ISBN 978-3642548147

Joachim Böhringer et al.
Printmedien gestalten und digital produzieren:
mit Adobe CS oder OpenSource-Programmen
Europa-Lehrmittel Verlag 2013
ISBN 978-3808538081

Monika Gause
Adobe Illustrator CC
Rheinwerk Design Verlag 2017
ISBN 978-3836245050

Thomas Hoffmann-Walbeck et al.
Standards in der Medienproduktion
Springer Vieweg, 2013
ISBN 978-3642150425

Kaj Johansson, Peter Lundberg
Printproduktion Well done!
Schmidt Verlag 2008
ISBN 978-3874397315

Sibylle Mühlke
Adobe Photoshop CC
Rheinwerk Design Verlag 2016
ISBN 978-3836240062

Hans Peter Schneeberger
PDF in der Druckvorstufe: PDF-Dateien erstellen, korrigieren und ausgeben
Galileo Design Verlag 2014
ISBN 978-3836217507

Hans Peter Schneeberger, Robert Feix
Adobe InDesign CC
Rheinwerk Design Verlag 2016
ISBN 978-3836240079

Markus Wäger
Adobe Photoshop CC
Rheinwerk Design Verlag 2016
ISBN 978-3836242677

## 5.3 Abbildungen

S2, 1: Autoren
S4, 1: Autoren
S5, 1: Autoren
S6, 1, 2: Autoren
S7, 1a, b, 2a, b: Autoren
S8, 1, 2: Autoren
S12, 1, 2, 3: Autoren
S13, 1: Autoren
S14, 1, 2: Autoren
S15, 1, 2: Autoren
S16, 1, 2: Autoren
S17, 1, 2a, b: Autoren
S18, 1: Autoren
S19, 1, 2: Autoren
S20, 1, 2: Autoren
S21, 1, 2, 3: Autoren
S22, 1, 2: Autoren
S23, 1, 2: Autoren
S24, 1a, b, 2: Autoren
S25, 1, 2: Autoren
S26, 1, 2a, b: Autoren
S27, 1, 2, 3: Autoren
S28, 1, 2a, b: Autoren
S29, 1, 2: Autoren
S30, 1, 2: Autoren
S31, 1, 2: Autoren
S32, 1, 2a, b, c, 3: Autoren
S33, 1a, b, 2a, b: Autoren
S34, 1: Autoren
S35, 1, 2a, b: Autoren
S38, 1a, b: Autoren
S39, 1: Autoren
S40, 1, a, b, 2a, b: Autoren
S41, 1, a, b, 2a, b: Autoren
S42, 1, 2a, b, 3: Autoren
S43, 1, 2a, b: Autoren
S44, 1, 2: Autoren
S45, 1: Altona Test Suite 2.0
S45, 2: Autoren
S46, 1: Autoren
S47, 1, 2, 3: Autoren
S48, 1, 2, 3: Autoren
S49, 1: Autoren
S49, 2: Enfocus
S50, 1, 2, 3: Autoren
S51, 1, 2: Autoren

S52, 1: PDFX-ready
S52, 2: Autoren
S53, 1a: PDFX-ready
S53, 1b, 2a, b: Autoren
S54, 1, 2a, b: Autoren
S55, 1: Autoren
S58, 1, 2a, b, 3: Autoren
S59, 1a, b, 2: Autoren
S60, 1, 2: Autoren
S61, 1: Autoren
S62, 1, 2: Autoren
S63, 1, 2, 3: Autoren
S64, 1: Autoren
S65, 1, 2: Autoren
S66, 1, 2, 3: Autoren
S67, 1, 2, 3, 4, 5: Autoren
S68, 1, 2: Autoren
S69, 1, 2, 3: Autoren
S70, 1, 2, 3a, b: Autoren
S71, 1, 2: Autoren
S72, 1, 2: Autoren
S73, 1, 2: Autoren
S74, 1, 2a, b: Autoren
S75, 1, 2, 3: Autoren
S76, 1, 2, 3, 4: Autoren
S77, 1, 2, 3, 4: Autoren
S78, 1, 2, 3, 4: Autoren
S79, 1, 2, 3: Autoren
S80, 1, 2: Autoren
S81, 1, 2: Autoren
S82, 1, 2, 3: Autoren
S83, 1, 2, 3: Autoren
S84, 1, 2a, b: Autoren
S85, 1, 2, 3a, b: Autoren

## 5.4  Index